전래 동화 속의 철학 4

개와 고양이

「이종란 지음」

철학과현실사

머리말

1980년대 민주화 투쟁이 한창일 때, 그것이 성공하면 세상이 확 달라질 줄 알았다. 삶의 형편이 금방 바뀌지는 않더라도 적어도 미래에 대한 희망은 보장받을 수 있으리라 생각했다. 그러나 그것은 오산이었다. 그 열매를 기득권과 결탁한 정치꾼들이 먼저 차지하게 방치한 결과, 오히려 민주화는 힘있는 자들에게 더 많은 자유와 축복을 안겨주었을 뿐이다. 빈부의 격차는 더 벌어졌고, 없는 자는 고통과 슬픔 위에 경쟁에서 뒤쳐진 자신들의 무능함까지 보태어 살아야 했다.

이제 우리 사회는 '경쟁'이라는 주문의 최면에 빠져 누구도 그것을 감히 거부하지 못하고 있다. 여론을 주도하는 계층은 불공정한 경쟁이라는 것을 다 알지만, 그조차도 너무나 당연시 여긴다. 모두가 불공정한 경쟁을 체험한 원죄가 있기 때문이다.

그런데 힘있는 자들은 물론이고 대중들도 경쟁에서 이기기 위하여 무슨 일이든 마다하지 않는다. 그들에겐 돈과 권력과 명예가 우상이다. 게다가 그것을 보장해주는 학력과 외모와 실력도 우상의 대상이다. 탐욕이 지배하는 세상이 되었다.

우상은 근본적으로 나를 소외시킨다. 우상을 가진다는 것은 진짜인 나를 버려두고 가짜인 내가 그 우상에 빌붙어 사는 것이다. 그럼에도 대중들은 진짜 자기를 안다고 생각하는 모양이다. 물론 초보적으로 기술(記述)되는 자기를 이해하겠지만, 참 자기는 가치와 이상의 문제이기 때문에 무슨 수로 찾을까?

민주화가 되었다고 믿는 이 시대에 하는 일마다 더 혼란스럽고 꼬이는 것은 일차적으로 특정 정권의 탓이 아니라, 우리 사회에 유행하는 문화의 토양이 보잘것없기 때문이다. 감히 말하지만, 이후에 어떤 정권이 들어서더라도 현재 대중들의 의식 수준으로 보아 우리의 장래가 크게 나아질 것 같지는 않다. 다만 이 예상이 틀리기를 바랄 뿐이다.

이런 문제 의식을 안고 이 '전래 동화 속의 철학' 시리즈 네 번째 책인 본서에서는 '나'라는 문제, 그것도 '참나'라는 화두를 갖고 출발하였다. 진정한 나에 대한 성찰과 반성 없이 제도의 완비만으로 문제는 해결되지 않기 때문이다.

그래서 전래 동화 속에 녹아있는 '참나'와 그것의 외연을 확대시킨 것에 관련된 사상을 추출하여 문제를 탐색하였다. 이 사상은 고스란히 유교·불교·도교와 관련이 된다. 그러나 각각의 종교나 사상이 추구하는 것이 다른 만큼 동화에서도 다양한 편차를 보이고 있다.

이러한 동화 또는 민담의 철학적 해석의 의의는 그것에 생명력을 부여하는 것임과 동시에 과거의 민중들이 이런 철학적 문제 의식에 소홀하지 않았음을 확인하는 것이다. 그저 지난 시대의 이야기로서 단순한 어린아이의 흥밋거리로 읽고 지나갈 수밖에 없는 운명이었지만, 여기에 철학적 의미를 부여함으로써 당당히 문화적 가치를 지닌 텍스트로 격상시켰다. 또한 학문과 거리가 먼 민중들이라고 해서 이상적 자아나 참된 세계에 대하여 결코 소홀히 하지 않았기에 문화 민족으로서의 자부심도 계승코자 하였다.

인간이란 무엇이며 어떻게 살아야 하는가 하는 문제는 비단 옛 선인들만의 물음이 아니라 여전히 우리들의 물음이기도 하다. 그래서 옛 사람들이 그 문제에 대하여 어떻게 생각하였나를 탐색하는 것은, 미래에 대한 어떠한 대안이나 방법을 갖고 있지 않은 우리들에게 틀림없이 등불이 될 것이다. 철학적 이론이란 전문적 훈련을 받지 못한 일반인들에게는 어려운 대상이다. 그래서 이런 전래 동화야말로 쉽게 접근할 수 있는 좋은 텍스트가 될 것이다. 본서 또한 그런 점에서 안내자의 역할을 할 것이라 믿는다.

본서의 구성은 이전의 책과 마찬가지로 약간의 배경 설명과 함께 논리 및 주제를 탐색하며, 그 다음으로 작품에 반영된 문화를 분석하여 철학적 의미를 밝히고, 끝으로 이 논리를 현대적 문제에 적용시켜보았다.

평소 아이들을 가르치는 일이 주된 업무이고 보니, 책을 써 세상에 내보인다는 것이 참으로 힘든 것임을 절감하였다. 여러 지인들의 격려와 〈철학과현실사〉 사장님의 배려로 보잘것없는 것을 세상에 다시 내놓게 되었다. 쓰레기만 더 쌓이게 하는지 모르겠다.

항상 가까이서 지켜봐주며 헌신적으로 도와준 내 아내에게 감사하며, 배움에 정진하면서 틈틈이 조언을 아끼지 않은 딸 인혜에게도 감사의 말을 전한다.

2005년 늦은 가을
우장산 露臺樓에서
이 종 란 씀

차 례

자기를 도둑맞은 도령
나는 도대체 누구인가?

자기를 도둑맞은 도령

① 집으로 향하는 도령의 발걸음은 여느 때보다 가벼웠습니다. 절에서 3년 동안의 공부를 마치고 이제야 집에 돌아가게 되었으니 그럴 만도 하였습니다.

'어머님, 아버님이 나를 보시면 얼마나 기뻐하실까?'

마을이 가까워지자 도령은 뛰다시피 해서 집 앞에 이르렀습니다. 도령은 대문 앞에 점잖게 서서 자기가 왔음을 알렸습니다.

"이리 오너라! 이리 오너라!"

잠시 뒤 대문이 열리고 누군가 문 밖으로 나왔습니다. 그런데 이게 웬 일입니까? 도령은 그만 소스라치게 놀라고 말았습니다. 대문 앞에는 도령 자신과 똑같이 생긴 도령이 서 있는 게 아니겠습니까?

"너, 넌 누구냐?"

진짜 도령이 큰소리로 물었습니다.

"난 이 집 도령이다!"

다른 도령이 뒷짐을 진 채 이렇게 말하는 것이었습니다.

"뭐라고?"

진짜 도령은 눈을 커다랗게 뜨고 호통을 쳤지요.

"이 집 도령이 나 말고 또 누가 있단 말이냐?"

그러자 가짜 도령도 소리를 버럭 질렀습니다.

"누가 할 소리를 하느냐? 이 집 도령은 나다. 썩 물러가거라!"

기가 막힌 진짜 도령은 일단 집으로 들어가려고 했습니다. 그러자 가짜 도령이 문 앞을 막아섰습니다.

"감히 어디를 들어가느냐?"

화가 난 진짜 도령은 가짜 도령을 밀치고 안으로 들어가 어머니를 불렀습니다.

"무슨 일이냐?"

어머니가 나오자 진짜 도령은 반가운 마음에 그 자리에서 큰절을 올렸습니다.

"어머님, 제가 돌아왔습니다."

하지만 어머니는 절 받을 생각은 하지도 않고 진짜 도령을 위아래로 훑어보면서 말했습니다.

"댁은 누구신가?"

"아니, 어머님, 저를 모르시겠습니까? 저는 어머님의 아들입니다. 이 집 도령이 돌아왔습니다."

"아들이라니? 우리 아들은 여기 있지 않소?"

어머니는 곁에 있던 가짜 도령의 머리를 쓰다듬으며 말씀하

셨습니다.

진짜 도령은 하는 수 없이 이번엔 아버지를 찾았습니다.

"어험, 밖이 왜 이리 소란스러우냐?"

아버지가 밖으로 나왔습니다.

도령은 얼른 아버지에게도 큰절을 올렸습니다.

"아버님, 제가 왔습니다!"

하지만 아버지도 진짜 도령을 알아보지 못했습니다.

"접니다, 아버님! 소자가 돌아왔습니다!"

"지금 무슨 소리를 하는 게요? 도령과 모습은 똑같지만 내 아들은 보다시피 여기 있지 않소?"

"아버님, 저는 절에서 3년 동안 공부를 하고 이제야 돌아오는 길입니다."

"우리 아들도 절에서 공부를 마치고 지난봄에 돌아왔소 …."

아버지는 고개를 갸우뚱하며 말을 이었습니다.

"… 흐음, 그건 그래. 애초에 3년 동안 공부를 하고 돌아오기로 했지."

그러자 옆에 있던 가짜 도령이 끼여들었습니다.

"제가 지난번에 말씀드렸잖아요. 공부를 워낙 열심히 해서 계획보다 빨리 마치고 온 거라고 …."

어머니와 아버지는 두 도령을 번갈아 쳐다보았지만, 도대체 누가 누군지 알 수가 없었습니다.

"어머님, 아버님, 제가 이 집 도령입니다."

진짜 도령이 힘주어 말했습니다.

"글쎄 이 사람의 말은 들을 필요가 없습니다. 아버님, 진짜 아들을 몰라보시는 겁니까?"

가짜 도령도 질세라 목소리를 높이며 말했습니다. 궁리 끝에 아버지는 같은 질문을 따로따로 해보기로 했습니다. 먼저 진짜 도령에게 물었습니다.

"나이가 몇인가?"

"제 나이는 열아홉입니다."

그리고 가짜 도령에게도 물었습니다.

"열아홉입니다."

"생일은 언젠가?"

"정월 초닷새지요."

"정월 초닷샙니다."

"그럼, 내 아들이 다섯 살 때 큰일이 날 뻔했는데 말할 수 있겠는가?"

"네, 눈보라 속에서 길을 잃을 뻔했지요."

"다섯 살 때 눈보라 속에서 길을 잃어 아주 혼이 난 일이 있었습니다."

놀랍게도 두 도령은 묻는 것마다 똑같이 대답했습니다. 이번에는 어머니가 나섰습니다.

"지난해 장롱을 맞췄는데 무슨 나무로 짰는지 아시오?"

하지만 지난해 절에서 공부를 하고 있었던 진짜 도령은 알 수가 없었습니다. 그래서 진짜 도령은 억울하게도 그만 쫓겨나고 말았습니다.

힘없이 길을 걷고 있는데 지나가던 스님이 진짜 도령을 보고 말했습니다.

"자네는 지금 자신과 똑같이 생긴 사람 때문에 집에서 쫓겨나 고생을 하고 있군."

"아니 스님! 그걸 어떻게? … 절에서 공부하고 돌아와보니 저하고 똑같은 사람이 아들 행세를 하고 있지 뭡니까?"

진짜 도령은 스님에게 자신의 억울한 사정을 말했습니다. 스님은 잠자코 듣고 있다가 이렇게 물었습니다.

"혹시 절에서 공부할 때 손톱을 깎아 아무 데나 버린 일이 있지 않은가?"

"예? … 아 예, 자주 그랬습니다. 그런데 그게 잘못인가요?"

"자네가 깎아 함부로 아무 데나 버린 손톱을 어떤 짐승이 주워먹었을 걸세."

"그럼, 그 짐승이 저와 똑같은 사람이 됐다는 말씀이신가요?"

"그렇다네. 모습뿐만 아니라 자네의 마음까지도 훔쳤다네."

진짜 도령은 어쩔 줄 몰라 한동안 멍하니 서 있었습니다.

"스님 …. 저는 이제 어쩌면 좋아요? 어떻게 하면 저를 훔친 짐승을 쫓아내고 부모님과 함께 할 수 있을까요?"

스님은 진짜 도령을 불쌍히 여겨 천으로 된 자루를 하나 건네주었습니다.

"그 속에 고양이가 있네. 고양이를 자루에 넣고 있다가 자네와 똑같이 생긴 그 도령 앞에 재빨리 내놓게."

스님은 진짜 도령에게 이렇게 이르고는 어디론가 사라져버렸습니다. 진짜 도령은 고양이가 든 자루를 들고 당장 집으로 달려 갔습니다. 대문 앞에 이르러서는 마구 소리를 질러댔지요.

"나를 훔쳐간 짐승아, 어서 나오너라! 가짜 도령아, 어서 나오너라!"

이 소리를 듣고 가짜 도령이 나와 문을 열었습니다.

"너는 나를 훔친 짐승이다!"

그 소리에 가짜 도령의 얼굴이 하얗게 변했습니다. 바로 그때 진짜 도령은 자루 속에 들어 있던 고양이를 꺼내 가짜 도령 앞으로 던졌습니다.

휘 — 익!

고양이는 잽싸게 뛰어 가짜 도령의 허리를 물었습니다. 가짜 도령이 비명을 지르며 그 자리에 쓰러졌습니다. 그런데 이상하게도 비명 소리는 사람의 소리가 아니었습니다.

"찌 — 익! 찌익 찍!"

들쥐가 내는 소리였습니다.

잠시 뒤 가짜 도령은 온데간데없고 도령의 옷 위에는 커다란 들쥐 한 마리만 쓰러져 있었습니다.

"대체 이게 어찌 된 일이냐?"

때아닌 소란에 뛰어나와 이 광경을 본 어머니와 아버지는 너무 놀라 그냥 주저앉고 말았습니다.

"이 들쥐가 저를 훔친 것입니다."

"뭐, 뭐라고?"

진짜 도령은 스님을 만난 뒤 있었던 일을 부모님께 모두 말씀을 드렸습니다.

"아이고, 그럼 네가 진짜 내 아들이란 말이냐? 우리는 그것도 모르고 ….."

모든 사실을 알게 된 아버지와 어머니는 진짜 도령을 얼싸안고 기쁨의 눈물을 흘렸습니다.

(인터넷 LG 전래동화에서)

복제 인간

똑같은 사람이 둘이 등장하여 문제가 되는 이 이야기와 비슷한 것에는 「옹고집전」이 있습니다. 물론 이야기의 흐름은 다릅니다만, 똑같은 사람이 둘이 생겼을 때 진짜가 가짜에게 밀려나는 상황은 동일합니다.

이 같은 이야기는 오늘날 우리가 과학적으로 가능한 복제인간의 옛날 식 표현이 아닐까요? 쥐가 사람의 손톱을 먹어서 그 손톱의 주인과 똑같은 사람이 되거나, 허수아비를 만들어 그 사람과 똑같아지는 과정이 특이한 발상이라 하겠습니다.

이 밖에도 전래 동화 속에는 사람이 되는 방식이 또 있습니다. 바로 '변신술'입니다. 『서유기(西遊記)』에서 손오공이 털을 뽑아 자신이 여러 명으로 보이게 한다든가, 「홍길동전」이나 「전우치전」에서 주인공이 도술을 부려 둔갑하는 것도 그런 것인데, 일반적인 동화 속에 그런 것을 많이 채용하고 있습니다. 대표적인 것이 여우가 사람으로 변하는 경우이지요.

오늘날 아무리 복제 기술이 뛰어나더라도 그 사람의 생각이나 경험까지 복제할 수는 없습니다. 그런데도 이 동화에서는 그것도 가능하게 그리고 있습니다. 그때나 지금이나 인간의 상상력은 무한하니까요.

스 님

그런데 재미있는 것은 둘 다 불교와 관계가 있습니다. 「옹고집전」은 탁발 나온 스님에게 옹고집이 못된 짓을 하여 이야기의 발단이 되었고, 「자기를 도둑맞은 도령」은 어떤 도령이 절에 가서 공부하고 돌아온 뒤에 생긴 문제를 스님을 통해 해결한다는 데에서 그렇습니다. 그러니까 이 이야기는 불교적 냄새가 물씬 물씬 난다고 하겠습니다.

'스님'이란 불제자(佛弟子)입니다. 그럼 불제자는 누구입니까? 바로 부처님의 제자입니다. 부처님의 제자를 한자로 '승(僧)'이라 하는데, 뜻을 보면 '중'이라 되어 있습니다. 사실 '승'의 원어는 '승가(僧伽. Samgha)'로 보통 '중(衆)'으로 번역합니다. 중의 한자 뜻은 '많다' 또는 '무리'를 뜻하므로, 최소한 네 사람 이상의 부처님의 제자를 말합니다. 그런데 사람들은 보통 스님 한 명만 보아도 '중'이라고 부르고, 또 그렇게 부를 때는 스님을 비하하는 뜻으로 사용합니다.

손톱과 발톱은 함부로 버리지 말라

이 이야기를 읽을 때 당황스러운 것은 주제가 무엇일까 하는 점입니다. 작품 속에서 주제는 인물, 사건, 배경을 통해서 찾을 수 있습니다. 그것을 종합해서 대다수의 사람들은 '손톱이나 발톱을 함부로 버리면 안 된다'는 것이 이 이야기의 교훈쯤으로 알고 있습니다. 아마도 이렇게 손톱 발톱을 함부로 버림으로써 생기는 무서운 결과를 어린아이들에게 이야기해줌으로써, 그것을 아무 데나 버리지 않는 태도를 길러줄 수도 있을 것입니다.

동화를 심리적으로 이용했다고나 할까요?

그럼 손톱 발톱을 아무 데나 버리면 안 되나요? 마당이나 방안은 아니더라도 쓰레기통이나 거름에 버리면 되지 않을까요? 이 이야기를 통해보면 그렇게 하면 물론 안 됩니다. 무엇 때문에 함부로 버리면 안 되었을까요?

'몸과 머리털과 피부는 부모에게서 물려받은 것이므로 감히 훼손하지 않는 것이 효도의 시작이니라' 하고 가르치는 유교의 가르침 때문일까요? 유교적 전통이 강한 옛날에는 당연히 그런 생각이 있었을 것입니다. 필자가 어릴 때도 어른들은 밤에 손톱과 발톱을 깎지 못하게 했는데, 이런 생각과 통합니다.

그러니까 표면적으로 보면 이 이야기의 주제는 '손톱과 발톱을 함부로 버려서는 안 된다'고 할 수 있습니다. 좀더 확장시키면 자신의 신체를 소중히 하라는 것으로 이해하면 되겠습니다.

여전히 남는 의문

그렇다면 다음과 같은 의문이 여전히 남습니다. 이야기에서 왜 꼭 스님을 등장시켜서 문제를 해결할까요? 이와 유사한 다른 동화나 이야기에서도 마찬가지입니다.

그리고 다른 방식으로 손톱과 발톱을 함부로 버리지 못하도록 할 수도 있을 터인데, 하필이면 자신이 둘이 되는 방법을 택하였을까요? 같은 사람이 둘이 된다는 발상은 어디서 왔을까요?

또 이 이야기에서 들쥐가 손톱을 먹고 도령의 생각까지 훔쳤다면, 둘 다 동일한 인간이 아닌가요? 그런데 다른 인간입니다. 모든 게 똑같고 마음만 다릅니다. 그래서 진짜와 가짜의 구별은 마음에만 있습니다. 마음은 남이 알지 못합니다. 본인밖에는 모릅니다. 그러니까 가장 친한 어머니와 아버지도 구별하지 못했습니다.

구별이 가능한 자는 오직 한 사람, 바로 스님뿐입니다. 하필이면 다른 사람도 아닌 스님이 이것을 구별합니까? 이 이야기만이 아니라 「옹고집전」도 마찬가지입니다. 바로 스님이 이 동화의 비밀을 푸는 열쇠입니다.

'참나'를 발견하여 행복하게 살자

어떤 이야기든 그것을 최초로 만든 사람이 있듯이, 이 이야기도 최초로 만든 누군가가 있을 것입니다. 그 이야기의 소재는 실제로 있었던 사건일 수도 있고, 어떤 사상이나 생각일 수도 있습니다. 우리가 읽은 동화는 아마도 후자에 속할 것입니다.

예부터 민간 설화에는, 사람이 자주 사용하던 물건이나 신체의 일부가 떨어져 나오면 거기에는 일종의 혼이 들어 있다는 이야기가 있습니다. 가령 빗자루가 사람으로 변신하는 이야기나, 사람의 피를 땅에 흘리면 반드시 물로 씻거나 흙으로 덮어버리는 경우가 있습니다. 그 이유는 그 피에 흘린 사람의 혼이 들어 있어서 나중에 나타난다고 믿었기 때문입니다.

필자는 이상과 같은 민간 설화를 모티브로 이용하여 이야기의 원형을 만든 사람은 스님이거나 아니면 독실한 불교 신자일 것이라 봅니다. 왜 그런지 찾아봅시다.

가짜 도령과 진짜 도령은 인간의 마음을 상징합니다. 가짜 도령은 현실 세계에서 '참나'를 발견하지 못한 미혹된 세계에서 사는 사람들을 상징합니다. 진짜 도령은 '참나'를 상징합니다. 스님은 불교 또는 수행하여 진리를 깨달은 사람을 상징합니다. 진리를 깨달은 사람만이 '참나'가 누구인지 압니다. 불교에서는 진리를 깨닫기 전의 모든 사람은 미혹된 세계에 산다고 봅니다. 그래서 사람들은 진정한 자기를 발견하지 못하고 있다고 본 것이지요. 다만 수행이나 공부를 통하여 깨달으면 자신이 누구인지 알 수 있다고 합니다.

여기서 부모도 가짜인 나와 진짜인 나를 구별하지 못합니다. 「옹고집전」의 경우 고을의 원님도 옹고집의 아내도 진짜를 알아보지 못합니다. 이것은 세속적인 인간 관계나 제도가 '참나'와 가짜인 나를 구별하지 못한다는 것입니다. 역사가 진행된 이래, 비록 가족이라 할지라도 인간이 타인의 내면 세계에 존재하는 참과 거짓을 알아보기란 쉽지 않은 일입니다.

그래서 이 이야기에서는 대다수 사람들의 경우 이 세상에서 가짜인 내가 진짜인 나의 주인 노릇을 하면서 산다고 넌지시 알려줍니다. 그래서 현실 세계에서 살다보면 진짜에게는 고통과 번뇌가 생기는 것입니다. 진짜인 나를 찾는 것은 고난과 수행의 길입니다. 그러다가 이 이야기에서처럼 불교의 도움으로 진짜인 자기를 발견할 수도 있습니다.

이와 같은 점은 「옹고집전」에서도 잘 드러나고 있습니다. 가짜 옹고집이 허수아비로 변하자 그 자식도 모두 허수아비로 변하는 것을 보면 알 수 있습니다. 가짜가 만든 업보는 가짜일 뿐이기 때문입니다. 이 이야기에서는 단지 어린이들을 대상으로 하기 때문에 불교적 내용이 쉽게 풀이되어 숨겨 있습니다.

그런데 그냥 두 마음이 있다고 하면 될 텐데 굳이 어떤 인물로 등장시킨 이유는 무엇일까요? 그것은 '마음'이라고 하는 보이지 않는 대상을, 어린아이나 일반 백성들에게 설명하기가 쉽지 않았기 때문으로 보입니다.

그러면 어째서 손톱과 발톱을 소중히 해야 한다는 생각을 갖게 만들었을까요? 조선 사회는 불교를 억압하던 시대였기 때문에 불교적 진리를 정면으로 노출하면 사회의 반감이 클 것이라는 점을 고려했을 것입니다. 단지 이야기에서 스님을 등장시켜 문제 해결의 역할자로만 기능하게 만들었습니다. 그래서 유교적 교훈을 표면에 내세움과 동시에 불교적 진리를 은연중에 표출하고 있는 것입니다. 단지 손톱 발톱은 이야기를 포장한 장치라고나 할까요.

따라서 이 이야기는 일종의 불교를 전도하는 이야기로 보면 됩니다. 불교의 도움으로 '참나'를 발견하면 행복하게 살 수 있다는 메시지로 이해하면 되겠습니다.

보편적 담론

이 동화는 인류의 위대한 보편성을 담고 있습니다. 우선 인간의 이중성을 말하고 있지요. 진짜 도령과 가짜 도령이 있듯이 참 자기와 가짜 자기가 있는 것입니다. 불교 식으로 보면 미혹의 상태에 있는 자와 깨달은 자, 기독교 식으로 말하면 영에 속한 사람과 육신에 속한 자, 유교 식으로 말하면 인욕에 사로잡힌 소인과 천리를 보존하여 잘 발휘하는 군자가 되겠습니다.

이런 생각을 좀더 확대시켜보면, 진리는 세속적인 가치로 확인할 수 없다는 것입니다. 또 진리를 깨달은 자는 언제나 가족이나 사회에서 환영받는 것만도 아니라는 점을 보여줍니다. 그리고 대중들은 진리와 거리가 먼 상태로 살면서도 자신이 가짜인 것을 알지 못하고 산다는 점도 보여주고 있습니다.

진리를 소유한 사람은 『성경』에서 말하듯이 빛과 소금의 역할을 하는 것입니다. 대중에게 영합하거나 인기 있는 것은 순간적입니다. 대중은 언제나 새로운 것을 원하기 때문입니다. 어쩌면 진리를 깨달은 자는 외롭고 고독합니다. 남이 그것을 모르기 때문입니다. 언제나 대중의 어리석음을 지적하고 깨우쳐주어야 합니다. 그것을 받아들일 준비가 안 된 자들은 진리를 오해하고 비난하겠지요. 그들이 원하는 진리란 언제나 달콤한 미래와 실생활에 도움이 되는, 아니 자신들의 욕망을 채워주는 그런 것이겠죠.

그런데 여기서 가짜인 자기를 몰아내고 참 자기가 주인 노릇을 하려면 거저 되지 않는다는 점입니다. 가짜에게 밀려난 참 자기는 안타깝고 고독한 현실을 이겨내야 합니다. 사랑하는 가족이나 친지로부터 따돌림을 당할 수도 있습니다. 그래서 진리는 현실에서 소외되고 배척을 당합니다.

요즘처럼 돈 많은 자가 추앙을 받는 세상에서는 더욱 그렇습니다. 진리가 돈을 버는 데 도움이 안 되면 외면을 당하고 맙니다. 진리대로 살아야 한다고 주장하는 종교조차도 돈벌이의 수단이 되어야 인기가 있고 사람들이 몰립니다. 이런 세상에 우리는 살고 있는 것입니다.

사람들은 말합니다. 진리고 뭐고 생존이 최우선이라고 …. 그런 자들에게 예수는 말합니다. "사람이 빵으로만 살 것이 아니요 하느님의 입으로 나오는 말씀으로 살 것이라." 공자도 국가경영의 요소 가운데서 군대와 경제를 뒤로 미루더라도 교육을 통한 신뢰를 가장 시급한 문제로 보았습니다.

진리가 뭔지 모르고 생존을 위한 경제가 지상 목표인 국가에서는 미래에 대한 희망이 없습니다. 진리는 어두운 밤의 등불과 같습니다. 배의 방향타입니다. 그것이 없다면 우리는 어디로 가야 할지 길을 잃고 헤맬 것입니다.

나는 누구인가?

필자는 대학생 시절, 어떤 교수님으로부터 '나는 누구인가?'라는 질문을 받은 적이 있었습니다. 그때는 '자기소개서'를 작성하라는 줄 알았습니다. 어떤 친구는 '나는 나다. 그걸 왜 묻지?' 이런 대답을 마음속으로 했습니다. 나에 대하여 심각하게 생각하지 않았던 것입니다. 철학을 공부하고 난 이후에 이 문제에 대하여 명쾌하고 쉽게 대답하기가 쉽지 않다는 것을 알게 되었습니다.

보통 내가 누구인지 밝히는 것은 어려운 말로 '나의 정체성'을 밝히는 일입니다. 무엇으로 그 정체성을 구분할까요? 외모일까요? 그럴 수도 있겠습니다. 가령 사람의 신분을 확인할 때 지문이나 눈동자 또는 유전자로 확인합니다. 그러나 지문이나 눈동자, 유전자로서 그 사람이 어떤 사람인지 알려주지는 않습니다.

요즘 성형 수술이 발달하여 자신의 모습을 바꾸는 사람이 늘어나고 있습니다. 외모를 예쁘다는 사람의 생김새를 따라 바꾸기 때문에, 개성 없이 점점 닮은 사람들이 늘어나고 있습니다. 이렇게 되면 외모를 개인의 정체성으로 보는 데는 한계가 있습니다.

우리는 또 다른 방식으로 사람들이 마음이나 행동을 가지고 그 사람의 됨됨이를 판단합니다. 마음이란 일정치 않습니다. 심할 경우는 하루에도 몇 번씩 바뀌기도 합니다. 사람의 한평생을 두고 볼 때 어릴 때와 청년기, 장년기, 노년기를 거치면서 많이 바뀌게 됩니다. 그렇다면 어느 때의 마음이 나의 본마음이며 나를 대표하는 것일까요? 인간의 행동을 가지고 판단하는 경우도 마찬가지입니다.

불교적 접근

도대체 나에게 나만의 것이라는 게 있습니까? 있다면 그것은 무엇입니까? 많은 사람들은 내가 남과 다르게 나에게만 있는 것 가운데 고른다면 신체의 특정 부위나 유전자를 뽑을 것입니다. 그러나 따지고 보면 신체나 유전자도 두 가지 방면에서 온 것입니다. 하나는 음식물에서 온 것이요, 또 하나는 조상으로 물려받은 것입니다. 만약 되돌려주는 것이 가능하다면 나는 어디에 있지요?

그럼 나의 성격이나 마음이 나의 참모습이라고 말할지도 모르겠네요. 하지만 인간의 성격이란 대부분 부모의 유전적 영향을 많이 받고, 후에 노력에 의하여 바뀌기도 하므로, 자신의 고유한 것이라고 말하기가 어렵습니다. 유전에 의한 것은 그렇다 치고, 노력에 의하여 바뀐 것은 나의 본래 모습이 아니냐고 반문할지 모르겠습니다. 그러나 공부도 그렇지만 노력에 의한 것은 다른 것의 영향을 받아 학습한 결과입니다. 학습이란 외부의 사물을 보고 기억하거나 흉내내어 자기 것으로 만든 것을 말합니다. 그러니까 내가 아는 것이나 무엇을 할 수 있도록 연마한 능력도 따지고 보면 모두 외부의 영향을 받았으므로 엄밀히 말해 내 것이라 말하기 어렵습니다.

그럼 원래 있던 곳으로 다 돌려주면 남는 것은 없습니까? 그런데도 여전히 나는 있습니다. 내가 있다는 사실은 부인할 수 없습니다. 이런 와중에 내가 생각한다는 것도 부인할 수 없습니다. 생각하는 나는 분명히 있습니다. '코기토 에르고 줌'이란 라틴어의 번역은 '나는 생각한다. 고로 나는 존재한다'입니다. 어디서 많이 들어본 말이지요. 네, 데카르트라는 철학자의 말입니다. 철저하게 회의하다가 내가 생각하고 있다는 그 사실만은 회의할 수 없다는 것이지요.

어쨌든 지금의 나는 존재하고 있습니다. 그러나 이 경우에도 나는 내가 누군지 알 수 없습니다. 지금 당장 '무엇을 원하고 무엇을 하는' 나는 '참나'가 아닌 것입니다. 왜냐하면 그런 나는 시간이 지나면 사라질 것이고, 또 사라지지 않는 내가 만약 있다 해도 그런 나를 내가 모르기 때문입니다. 바로 '모른다'는 이 무지(無知)가 온갖 번뇌와 악한 업보의 원인이 되는 것입니다. 무지로부터 생기는 행동과 앎과 욕심과 아집은 '참나'에 해당되는 것이 아닙니다. 가짜 나에게 속한 것입니다.

심우도

불교적 진리관에서 보면 항상 있는 유일한 나는 없습니다. 원래 내가 없는 무아(無我)입니다. 사람들이 있다고 믿는 나는 우리가 감각적으로 느끼는 그런 나이고 가짜인 나입니다. 그러나 이것도 현상적으로 보면 일정한 기간 안에 임시로 존재하는 가아(假我)인 것입니다. '참나'는 실천적 수행에 의하여 깨닫게 되는 진아(眞我)를 가리키는 것입니다. 그 나는 만물이 한 몸인 세계 전체로서의 최대아(最大我)를 가리킵니다.

그래서 인간은 수양을 통하여 '참나'를 발견해야 합니다. 이것을 잘 설명한 그림을 소개하겠습니다. 절에 가서 대웅전 뒤와 좌우 옆의 세 벽면에 그려진 소와 관련된 그림을 본 적이 있습니까? 그 그림을 심우도(尋牛圖) 또는 십우도(十牛圖), 목우도(牧牛圖)라고 합니다. 뜻은 각기 '소를 찾는 그림', '소와 관계된 열 개의 그림', '소치는 그림'입니다만, 깊은 뜻이 있습니다. 물론 일반 민중들이 불교를 잘 모르기 때문에 그림으로 진리를 깨달아가는 과정을 보여주려는 의도입니다. 곧, '참나'를 찾아 너와 나의 구별을 잊고 세상을 구원해가는 과정을 그림으로 나타낸 것입니다.

필자는 얼마 전 경주를 여행하다가 포항에 있는 오어사(吾魚寺)라는 절에 가본 적이 있는데, 그 절의 대웅전 벽에도 이 그림이 몇 점 있었습니다. 필자가 굳이 이 절을 소개하는 이유는 그 절의 주변 환경이 무척 아름다웠기 때문입니다. 아마 네 계절다 아름답겠지만, 가을에 가보신다면 정말로 좋은 추억이 될 것입니다. 산중에 작은 호수가 있는데 그 호숫가에 바로 이 절이 있습니다. 이름도 특이하게 '내[吾] 물고기[魚] 절[寺]'입니다. '내 물고기'라고 할 때 나는 진짜 나일까요 가짜 나일까요? 가셔서 알아 맞추어보시기 바랍니다.

자, 그러면 이 열 가지 그림에 대한 간단한 설명을 해드리겠습니다.

첫 번째 그림은 소년이 소를 찾고 있는 내용입니다. 소는 나의 본성을 상징합니다. 소년은 수행자를 상징하고요. 그러니까 이 그림은 자신이 누구인지 알 수 있는 본성을 잊고 그것을 찾으려고 헤매는 과정입니다.

두 번째 그림은 소년이 소의 발자국을 발견하고 그것을 따라가는 그림입니다. 이 그림은 수행하는 사람이 꾸준히 노력하다 보면 자기 본성의 발자취를 찾는다는 것을 나타내고 있습니다.

세 번째 그림은 소년이 소의 꼬리나 뒷모습을 발견하는 장면입니다. 이것은 자신의 본성을 아는 데 가까이 다가갔음을 뜻합니다.

네 번째 그림은 소년이 드디어 소의 꼬리를 잡아 고삐를 막건 장면입니다. 그러나 아직도 소는 사납고 거칩니다. 이것은 수도하는 사람이 자신의 본성을 꿰뚫어보는 상황을 나타냅니다. 사실 이때의 자신의 본성을 불성(佛性 : 부처님의 성품)이라 부르는데, 선불교에서는 모든 사물에 이러한 불성이 있다고 봅니다. 아직도 본성은 거친 단계입니다.

다섯 번째 그림은 소년이 소에 코뚜레를 뚫어 끼워 소를 끌고 가는 장면입니다. 수행과 고행을 통해서 이 본성을 더욱 밝게 만드는 데에서 탐내고 화내고 어리석은 세 가지 독성의 때를 지우는 단계입니다. 그래서 소도 점점 하얗게 변하고 있습니다.

여섯 번째 그림은 소년이 흰 소에 올라타고 피리를 불며 집으로 돌아오는 장면입니다. 자기의 본성을 발견하고 밝혀내어 거리낌없이 자유로워진 상태를 뜻합니다.

일곱 번째 그림은 소는 없고 소년만 앉아 있습니다. 고향에 돌아와 소를 잊는 장면입니다. 원래 불교는 한 곳에 집착하면 안 됩니다. 자신의 본성이라 할지라도 거기에 머물러 집착하면 때가 끼기 때문입니다.

여덟 번째 그림은 소도 없고 소년도 없이 둥근 원 모양만 있습니다. 원래 소도 소년도 긴 시간적 안목에서 보면 실체가 없는 것입니다. 이렇듯 불교적 입장에서 보면 세상 만물은 원래 정해진 실체가 없습니다. 이 그림은 만물이란 정해진 '나'가 없다는 제법무아(諸法無我)를 표현한 그림입니다. 너와 나의 구별이 없는 단계입니다.

아홉 번째 그림은 강물이 흐르고 꽃이 피어 있는 자연의 모습입니다. 너와 나, 보는 사람과 보이는 물건의 구별이 없는, 있는 그대로의 세상을 아무런 번뇌 없이 바라본다는 뜻입니다. 그런 상태가 되면 인간은 훨씬 더 자유로워집니다.

열 번째 그림은 지팡이에 도포를 두른 스님의 모습입니다. 중생을 구원하기 위하여 속세에 도(道)를 전하러 가는 장면입니다. 불교의 궁극적인 모습이 만인을 구제하는 데 있다는 것을 나타내고 있는 것입니다.

이렇듯 불교의 진리 속에서 보면 '참나'는 부처님의 성품과 같은 것이며, 그것은 나에게만 있는 것이 아니라 세상 만물에도 있다고 합니다. 지금 존재하는 나는 단지 한 찰나에만 있는 것이며, 시간이 지나면 물방울이 커다란 바닷물에 섞여버리듯 모든 것이 하나가 되는 세계로 들어가버리는 것입니다. 그래서 나는 있다면 있는 것이고 없다면 없는 것입니다. 만약 깨달음을 얻었다면 내가 이 세상의 모든 것이요, 이 세상의 모든 것이 곧 내가 되는 것입니다. 그러니 내가 영원히 산다고 할 때의 나는, 지금 당장 무엇을 하고 싶어하고 무엇을 행동하는 그런 내가 결코 아닌 것입니다. 이해하기 어렵습니까?

유교적 접근

일찍이 공자는 사람다움을 강조하였습니다. 아마도 당시는 사람답지 못한 인간들이 많았나봅니다. 가짜가 진짜의 주인 노릇을 하듯 공자 당시도 일상적인 사람들의 모습은 사람답지 못했던 것 같습니다.

그래서 공자는 자신을 이기고 예(禮)로 돌아와야 사람답게 된다고 말했습니다. 요즘 학교에서 수련회를 많이 가는데 그것을 '극기 수련'이라고도 말합니다. '극기(克己)'란 자신을 이기는 것을 말합니다. 자신의 무엇을 이긴다는 것일까요? 자신의 욕심이나 사람답지 못한 것을 이기고 예로 돌아오는 것을 말합니다. 공자에게서 예란 사람다움을 표현하는 형식입니다.

공자의 사상을 이어받은 맹자(孟子)도 사람들이 참 자기를 잃어버린 상황을 비유로 들어 말합니다. 사람들은 소나 말 같은 가축이 집을 나가면 반드시 찾아오면서도, 정작 자신의 본 마음을 잃어버렸는데도 찾지 않는다고 말하고 있습니다. 내게서 나가버린 나의 본 마음을 찾는 것이 무엇보다 시급한 문제라고 본 것입니다. 맹자는 인간이라면 누구나 어질고, 의롭고, 예를 알고, 옳고 그름을 아는 네 가지 성품이 있다고 합니다. 이를 알 수 있는 실마리가 있는데, 그것이 바로 유명한 사단(四端)설입니다. 그 사단을 넓혀 확충하면 자신의 본성을 아는 사람이 된다고 봅니다.

중국 송나라 때의 주희(朱熹)는 공자와 맹자의 사상을 철학적으로 완성시킵니다. 인간은 우주 자연의 본성이 자기에게 갖추어져 있다고 봅니다. 그것을 발견하여 알면 바로 참 자기를 발견하는 것입니다. 성인(聖人)을 제외한 보통 사람들은 기질의 혼탁함으로 인해 그것을 잘 알 수 없다고 합니다. 그래서 공부와 수양을 통하여 깨달아야 한다고 합니다.

형식적으로 보면 불교와 크게 다르지 않습니다. 그러나 내용을 보면 전혀 다릅니다. 불교는 이 세상 만물이 정해진 실체가 없는 것으로 보는 반면, 주자학은 현실적 세상을 강하게 긍정합니다. 곧, '참나'라고 하는 것도 정해진 덕목이 있습니다. 구체적으로 말하면 어질고 정의로우며, 예를 알고 시비를 잘 분별하고 신의가 있으며, 충실하고 성실하며 효도를 잘하는 사람이 진정한 자신의 성품을 잘 발휘하는 인간입니다.

천리와 인욕

주희의 경우 이렇게 유교적 덕목을 잘 실천하는 사람은 천리

(天理), 곧 하늘로부터 받은 성품을 잘 발휘하는 사람으로 봅니다. 이런 사람은 공부와 수양을 통하여 도달된다고 하며 성인이라 부릅니다. 그러니까 누구나 성인이 될 수 있는 길을 터놓은 셈이지요. 반대로 인간의 욕심을 인욕이라 부릅니다. 인욕이 물론 무조건 나쁜 것은 아닙니다. 당연히 입어야 할 때 입고 먹어야 할 때 먹어야 합니다. 그러나 그 욕심이 지나치면 문제가 됩니다. 그러나 인간은 대부분 자신의 아둔함과 무지로 그 욕심에 갇혀 있습니다. 그러니까 인욕을 제거하고 천리를 보존해야 사람답게 되는 것이며 그것을 잘하는 사람이 성인인 것입니다.

무지와 어리석음에서 벗어나야

조선말 철학자 최한기는 주자학적 전통을 버리고, 인간의 성품이 미리 결정되어 있다고 보지는 않았습니다. 단지 인간은 기(氣)로 이루어진 것이고 죽으면 기로 돌아간다고 봅니다. 살았을 때의 인간의 생물학적 본성은 기에서 왔지만 그것만 잘 발휘한다고 해서 곧장 참다운 사람이 되는 것은 아니라고 합니다. 왜냐하면 인간은 자율적인 사고 기능이 있기 때문입니다. 인간의 본성이란 생물학적 본능을 충족시키기 위하여 사회적 질서를 통해 획득하거나 학습한 것이라 보고 있습니다.

따라서 경험을 통하여 올바른 지식을 학습하고 추리하는 능력을 길러, 사회와 국가와 자연 우주의 질서를 잘 따르는 것이 사람다운 모습이라 보고 있습니다. 궁극적으로 인간은 우주와 자연을 따라야 하는데, 그렇게 하려면 우주와 자연을 탐구하여 알아야 한다고 합니다. 그래서 공부하지 않은 사람은 참다운 자기를 확립할 줄 모르는 사람이며, 경험을 통하여 무지와 어리석음에서 벗어나야 우주 자연과 하나가 되는 것입니다.

도가적 접근

춘추전국시대의 인물로 알려진 노자(老子)와 장자(莊子)의 학파를 도가(道家)라 부릅니다. 노자는 인간의 있는 그대로의 상태, 억지로 함이 없는 자연스런 상태를 참다운 인간으로 봅니다. 소박하고 욕심 내지 않으며 부드러운 모습을 지닌 자가 참다운 인간입니다. 노자에게서 인간의 참 모습은 스스로 있으면서 이름 붙일 수도 없는 도에 맞는 생활, 곧 기본적인 생명의 욕구, 자연스런 생명 활동을 완전하게 실현하는 것입니다.

장자는 노자의 기본적 생각을 받아들이면서도 더 넓게 정신적 자유를 추구합니다. 그는 육체를 부정합니다. 육체는 물리적인 존재며 하나의 대상이고 주체가 아니며, 하나의 물건에 불과하니 진정한 '나'는 아닙니다. 다른 만물과 비교하면 만물 중의 하나입니다. 이 육체를 자신으로 오인할 때 하나의 장애와 집착이 생겨납니다. 원인은 감각 내용 중에 인간이 빠져버리기 때문입니다. 인간이란 기가 모여서 된 것인데, 죽음이란 결국 자기가 왔던 기로 돌아가니까 슬픈 것이 아니라 오히려 축하할 일이라고 합니다. 참다운 인간이란 육체를 잊어버리고 절대적 자유를 추구하는 것입니다.

기독교적 접근

교파에 따라 약간의 차이가 있지만, 기독교에서 참다운 나는 우선 죄의 사함을 받아야만 알 수 있습니다. 죄 사함을 받는 것은 예수를 믿음으로써 가능합니다. 왜냐하면 에덴동산에서 타락한 아담의 후손인 인간은 누구나 죄인이기 때문입니다. 이것을 원죄(原罪)라 부릅니다. 원죄가 있는 인간은 예수를 통하지 않고는 죄의 사함을 받지 못합니다.

이렇게 원죄를 가진 인간에게 이차적인 죄는 하느님을 믿지 않는 상태를 말합니다. 죄를 벗어나려면 인간 개개인이 자신을 위하여 십자가에서 죽은 예수를 믿음으로써 구원을 받아야 한다고 합니다. 하느님을 믿지 않는 사람들은 영혼이 죽었다고 합니다. 이미 사망의 세계에 산다고 합니다. 그래서 기독교의 세계관에서는 참다운 나를 알기 위해서는 우선 영혼이 살아 있어야 가능합니다.

사실 기독교에서 아니 서양 문화에서 말하는 영혼이 무엇인지를 밝히는 것은 쉽지 않습니다. 일반 사람들은 자신의 현실적 자아를 자신의 영혼으로 착각하고 삽니다. 자아란 시간에 따라 변덕스럽게 변하기 마련인데요, 천국에 간다는 자신의 자아는 어느 때의 자아를 말할까요? 죽을 당시의 자아인가요 아니면 가장 행복했을 때의 자아인가요?

그러나 『성경』을 좀더 자세히 들어다보면, 그런 상식적인 자아가 영혼이 될 수 없다는 것을 금방 알 수 있습니다. 가령 예수의 말처럼, "천국은 시집가고 장가가는 그런 것이 아니라는 것"과, "사람이 거듭나지 않으면 하느님의 나라에 갈 수 없다는 말"이나, "자기 십자가를 지고 나를 따르지 않는 사람은 결코 하느님의 나라에 갈 수 없다"는 등의 말을 보면, 예수가 말한 천국이란 세속적인 것과 거리가 멀다는 것을 알 수 있습니다.

거듭난다는 것은 이제까지의 가치관이나 삶의 태도와는 정반대의 것입니다. 교회의 설교에서 예수를 믿으면 세속적으로 통용되는 복을 받고 잘 살게 된다고 말한다면, 그건 참 자기를 잃어버리고 세속에서 온갖 재미를 보게 하다가 죽을 때 천국행 가짜 티켓을 주는 것과 같은 것입니다.

거듭난다는 것은 세속적인 가짜인 자기를 버리고 참 자기를 찾는 것입니다. 그때 찾은 '참나'는 신과 하나의 인격체가 되는 그런 것입니다. 나는 죽어도 언제나 부활하는 그런 나입니다. 개인적인 내가 아니라는 것입니다. 개인적인 나는 이미 십자가에 못 박혀 죽은 것입니다. 나의 인격이 세속적인 나의 욕심을 완전히 포기할 때, 비로소 육신에 속한 나는 죽고 영적인 자아가 태어나는 것입니다. 필자는 그것이 불교의 불성과 다르지 않다고 봅니다.

프로이트의 입장

오스트리아의 정신분석학자인 지그문트 프로이트만큼 20세기 이후 인류 역사에 영향을 끼친 사람도 드물 것입니다. 대학생 정도면 교양으로 꼭 알고 넘어가야 할 것이 그의 정신분석학 이론입니다.

인간의 마음에 두 마음이 있다는 것은 보통 사람도 경험할 수 있는 것이지만, 프로이트는 크게 세 가지로 분석했습니다.

그 세 가지는 무의식의 세계에 속하는 '이드(id)'와 자아인 '에고(ego)' 그리고 초자아로 번역되는 '슈퍼에고(super ego)'입니다. 여기서 본능에 해당되는 이드는 물 속에 잠긴 빙산처럼 인간의 심리 작용의 대부분에 영향을 미치고, 에고는 물 밖에 보이는 빙산의 일각에 불과하다고 합니다. 그러니까 인간의 행동을 좌우하는 것은 이 이드라는 것입니다. 슈퍼에고는 하느님의 말씀이나 부모의 교훈, 현실적인 도덕이나 법 같은 것입니다. 그러니까 현실 인간의 자아(에고)는 이 초자아와 무의식의 상호 작용에 의하여 결정되는데, 물론 프로이트는 무의식의 영향을 더 많이 받는다고 보고 있습니다.

프로이트는 이드의 핵을 '리비도', 곧 성적 충동으로 보다가 나중에는 자아 보호 충동, 자기 보호 충동으로 보다가 또 나중에는 자기 파괴 충동, 공격 충동으로 보기도 했습니다.

그에 의하면 노이로제는, 유아기 때의 억압, 곧 유아기에 성적인 체험이 이루어질 때 유혹과 좌절의 상황을 겪음으로써 발생하는 장애에 그 뿌리를 둔 것입니다. 성인이 된 후 물리적, 심리적인 갈등을 겪게 되면 유아기에 받은 심적 상처가 도져 노이로제 질환으로 나타나게 됩니다.

프로이트에게서 참 자기는 무엇일까요? 물론 프로이트의 학문은 정신 분석을 통한 환자의 치료가 목적이므로 도덕적이거나 종교적 입장을 배제했습니다. 그래서 윤리적인 인간에 대한 문제를 탐구하지 않았습니다. 다만 현재 자신의 행동에 강한 영향을 주는 심리 근거를 찾으려고 한 것뿐입니다. 그러니까 그가 원하는 것은 환자를 치료하여 심리적으로 건강한 인간이 되게 하는 것이겠죠.

전래 동화와 프로이트 심리학

얼마 전 전래 동화를 프로이트학파의 정신분석학적 입장에서 해석한 책을 읽은 적이 있습니다. 전래 동화를 아동 성장 발달 단계에 따라 적절히 들려주면 교육적 효과를 본다는 것입니다. 충분히 그러한 점이 있고 여전히 교육적으로 유효하다고 생각합니다. 또 들려주는 동화가 성장 발달 단계에 맞지 않거나 세계관의 충돌이 있을 적에는 오히려 부정적일 수도 있습니다. 따라서 적절한 해석과 현실에 맞는 지도가 있어야 합니다.

그런데 전래 동화를 정신분석학적으로 해석할 때 한 가지 위험성이 내포되어 있습니다. 동화를 이론적 틀 안에서 해석하다 보면 그 이론에 매몰되어 역사와 별개의 것으로 보게 됩니다. 곧, 동화 해석의 몰역사성이 문제가 되는 것입니다. 가령 이『전래 동화 속의 철학』시리즈 2권의 「해와 달이 된 오누이」와 3권의 「머리 아홉 달린 도둑」 이야기의 경우에 중요한 사실을 놓칠 수 있습니다. 물론 그 내부에 정신분석학적 가치를 지니고 있음에도 말입니다.

전래 동화도 여타의 민담처럼 어떤 역사성을 갖고 있습니다. 그리고 단순히 아이들에 대한 교훈적인 것만이 아니라, 어떤 역사적 사실이나 말하는 자의 의도도 들어 있습니다. 그뿐만 아니라 일정한 논리와 사상도 들어 있습니다. 따라서 전래 동화도 다양한 학문 분야에서 연구되고 해석되어야 하는 것입니다.

그럼 나를 어떻게 찾을까?

그럼 우리는 불교나 유교, 기독교적인 방법을 통하지 않고 참다운 나를 발견할 수 없을까요?

다시 처음으로 되돌아가, '나'라고 하는 존재는 분명히 있는데 내가 누구인지 정확히 알 수는 없을 것입니다. 왜냐하면 인간은 자신을 있는 그대로 공정한 입장에서 들여다보기 어렵기 때문입니다. 물론 관련된 학문을 종합하여 그 지식을 가지고 자신이 누구인지 찾아보는 방법도 있겠습니다.

그러나 그 사람이 어린이나 청소년 또는 교육받지 못한 무지한 사람이라면 좀처럼 자신을 제대로 알지 못할 것입니다. 공부한 사람의 입장에서 상식적으로 볼 때 한 개인이 누구인가를 밝히는 것은 그리 어렵지 않습니다. 그 사람의 외모, 성장 환경, 다닌 학교, 행동, 경험, 가족 관계나 인간 관계 등을 통하여 그 사람만의 독특한 점을 밝혀낼 수 있습니다. 그래서 우리는 어떤 사람에 대하여 그가 이러이러하다고 판단할 수 있습니다.

어차피 인간이란 변하는 존재이므로 한 시기의 인간의 모습을 가지고 그 인간의 전부라고 판단할 필요는 없습니다. 한 화가의 그림을 감상하듯이, 해당하는 인간의 소년기, 중년기, 장년기, 노년기를 구분하여 살펴본다면, 그 사람 또는 내가 이러이러하다고 묘사할 수 있습니다.

그렇다고 해서 그것이 그 사람의 참된 모습이라고 말하기는 어렵습니다. 참된 것과 그렇지 못한 것이 섞여 있기 때문이기도 하지만, 무엇이 참되거나 참되지 않다고 하는 문제는 그 대답이 사람마다 다르고 종교마다 일치하지 않기 때문입니다.

그렇지만 참된 자기가 상대적인 판단의 문제라고 내버려둘 수는 없습니다. 좀더 공정하고 합리적이며 논리적인 방법으로 참된 자기에 대한 개념을 만들어가야 하겠지요.

한 철학자의 입장

필자도 철학자이니 '참나'에 대한 나름대로의 견해를 가지고 있습니다.

많은 철학자들이나 종교인들은 인간의 본성은 이러이러하다고 말합니다. 하느님의 형상(image)을 본떠 인간을 만들었다느니, 불성이 있다느니, 아니면 인간의 본성에 하늘의 이치인 천리(天理)가 있다고 말합니다.

필자는 인간이 본질적으로 자연물의 하나에 불과하다고 봅니다. 인간이 누구냐 하면 눈앞에 날아다니는 파리나 땅에 기어다니는 개미나 잡초 한 포기와 다르지 않습니다. 다만 이것들과 다른 점은, 인간에겐 의식(意識)이 있기 때문에 생각할 수 있다는 점입니다. 그래서 인간은 자신의 본능과 환경이 상호 작용하면서 본성을 만들어가는 것입니다. 앞의 최한기 이론처럼 말입니다.

여기서 인간이 자기 자신에 대해 생각할 경우 그것을 자의식(自意識)이라 부르는데, 이 자의식이 있기 때문에 '내가 누구인가?'라고 생각하게 됩니다. 이것이 있기 때문에 죽음을 두려워하고 공포를 느낍니다. '참나'를 찾는 것도 바로 이 죽음의 고통으로부터 해방되고자 하는 의도에서 출발하기도 합니다. 인간은 자의식에 대한 집착이 강할수록 자기 생명에 대한 집착이 강할 수밖에 없습니다.

내가 죽음에 대한 공포를 느끼는 것이 내 마음이듯이 죽음의 공포로부터 자유를 느끼는 것도 내 마음입니다. 결국 죽음에 대하여 어떻게 마음먹느냐가 중요합니다.

자유를 얻는 것은 가짜 자기를 '버림'에서 시작합니다. 여기서 버린다는 것은 다른 말로 겸손하거나 욕심이 없거나 가짜 자기를 잊는 것을 뜻합니다.

나의 삶에서 나의 자의식을 지워버리면 혹자는 그것을 식물 인간이라고 부를 것입니다. 그러나 이것은 생사의 집념이나 집착을 떨쳐버리는 것이지 의식이 없는 상태는 아닙니다. 이때 나의 의식은 투명한 물이나 공기와 같습니다. 나나 돌멩이나 풀이 서로 차별이 없습니다. 그런 삶에서는 죽음의 공포나 삶의 희열은 없습니다. 살아 있는 것이나 죽어 있는 것이나 구별이 없습니다. 내가 살아 있다고 해도 되고 죽었다고 해도 말이 됩니다. 살아 있다면 내가 새 사람으로 사는 것입니다. 과거의 자아에 집착한 나를 위해서 사는 것이 아닙니다. 생물이든 무생물이든 인간이든 모두를 위해 사는 것입니다. 그리하여 우주와 나는 하나가 됩니다. 따라서 내 몸이 죽으면 의식은 사라지고 몸은 우주의 일부가 되어 고요한 세계로 사라질 뿐입니다. 다시 고향으로 돌아가는 거지요. 미련 없이 말입니다.

'아! 무섭구나. 인생이 이렇게 허무한 것인가?'라고 생각할 분이 있을지 모르겠습니다. 그런 생각을 한다는 것은 아직도 집착할 자아가 있다는 것이지요. 촛불이 꺼지듯 나의 의식이 소멸하는 것이 무서우면, 많은 사람들처럼 불교나 기독교를 믿으세요. 극락이나 천당이 나의 자의식을 연장시켜줄지 모르니까요.

이처럼 생각해볼 때, 나의 참모습의 발견은 그 사람의 생사관 (生死觀)이나 철학에 속하는 문제입니다. 그 생사관이 얼마나 사실에 가깝고 이치에 맞는지 고민하는 것은 누구나 할 수는 있지만, 전문적으로 다루는 것은 철학자들의 몫입니다. 대부분의 사람들은 철학자들과 교류 없이 그럭저럭 살아갑니다. 남이 만들어준 종교나 생사관을 추종하면서 말입니다. 자신의 삶은 자신이 선택하고 찾아야 하는데도 말입니다. 만약 그 생사관이 잘못된 것이라면 자신의 참모습은 일순간 거짓이 되겠지요. 이렇듯 '참나'에 대한 탐구는 중요합니다.

'참나'는 자라는 것이다

여러분들은 이제 내가 누구인지 생각해보았을 것입니다. 여러분이 만약 청소년이라면 여전히 내가 누구인지 모를 것입니다. 아마도 내가 누구의 자손이고 어느 곳에 살며 어느 학교를 다니고, 무엇을 잘하고 누구누구를 사귀고 어떤 과목의 공부에 관심이 있고, 키가 크다든지 작다든지 뚱뚱하다든지 날씬하다든지 뭐라고 말하면서, 그게 나라고 생각할 것입니다.

'짜증나게 진짜 나는 뭐고 가짜 나는 뭐야? 그냥 나는 나지'라고 생각하는 사람이 있다면, 이 사람은 문제를 회피하는 사람입니다. 이런 사람은 성공적으로 살기가 무척 어렵습니다. 세상은 도전하는 사람의 몫이니까요.

만약 여러분이 청소년이라면, 여러분은 자라고 있기 때문에 아직도 내가 누군지 어떤 사람인지 잘 모르는 것이 당연합니다.

만약 여러분의 생각이 자라기를 멈추고 어떤 상태에 머물고 만다면, 여러분의 참 자기는 이미 죽은 것입니다. 이 세상에 생명 있는 것들은 언제나 자랍니다. 우리의 몸이야 20대를 고비로 자라는 것이 멈추지만, 생각은 그렇지 않습니다. 마음을 잘만 가꾸면 늙어서 죽을 때까지 자랍니다. 배우기를 멈추고 생각하기를 힘들어하는 사람은 자라기를 포기하는 사람입니다.

그래서 이 세상에 사는 성인 가운데 몸은 어른이지만 마음은 10대에서 70~80대에 걸쳐 있습니다. 그것은 자신들의 생각이 자라다가 어느 시점에서 정지해버린 것이지요. 아마도 여러분들은 어른들 가운데 누군가를 보면서 '고리타분하다'든가 '우리하고는 안 통한다' 아니면 '웬 고려 시대 사람?'이라고 비아냥거릴 때가 있을 것입니다. 이것은 가치관의 세대 차이에서 비롯하는 것도 있지만, 정말 생각이 자라기를 멈춰버렸기 때문에 생기기도 합니다. 필자보다도 나이가 어린 사람에게서 그런 모습을 보면 참으로 안타깝습니다.

실수 투성이

필자가 젊었을 때는 어른들께 야단을 맞는 경우가 가끔 있었습니다. 또 지금 생각해보니 유치하고 부끄러웠던 일이 참 많았습니다. 그런 것을 생각하면 쥐구멍에라도 들어가고 싶을 때가 있었습니다.

그러나 이제 그런 것을 생각할 때 쓴웃음 정도만 짓고 너그럽게 자신을 용서합니다. 왜냐고요? 그건 누구나 거쳐가는 과정이니까요. 생각해보세요. 세상에 태어나자마자, 아니 제대로 배우지도 않고 완벽한 인간이 된 사람이 얼마나 있습니까? 누구나 시행착오를 거치면서 야단을 맞기도 하고 칭찬을 받기도 하면서 커가잖아요? 필자가 아는 어떤 청년 가운데 과거의 비리(?)를 슬쩍 건드리면 아주 싫어하는 사람이 있는데, 아마도 좀더 자란다면 스스로 자신의 잘못을 용서하고 웃어넘기겠지요.

이런 과정을 거치면서 사람은 서서히 자신의 자아를 확립해 갑니다. 자아를 공에 비유한다면, 조그만 탁구공 만하게 자아를 키우는 사람도 있고, 야구공 아니 축구공 아니 지구 만하게 키운 사람도 있습니다. 자아가 작을수록 우리는 옹졸하다고 말합니다. 클수록 대인이나 군자라 말하기도 하고, 더 크면 성인이라 부릅니다.

나의 우상

자아가 작을 때는 누구나 우상(偶像)을 가지고 있습니다. 여러분이 청소년이라면 대개 가수나 연예인 아니면 운동 선수가 우상일 것입니다. 여러분은 이제껏 밖으로 내세울 자아가 변변치 못하기 때문에 우상을 통하여 대리 만족을 하는 것입니다.

만약 공부에 관심이 있는 청소년이라면 일류 대학에 들어간 선배가 우상이 될 수 있고, 대학에 다니는 청년이라면 사업에 성공한 사람이나 권력을 잡은 사람이 우상이 될 수도 있습니다. 세상의 부조리한 모습을 일찍 경험한 사람은 역사에 등장하는 혁명가가 우상이 될 수도 있겠고, 종교에 심취한 사람이라면 종교적 성인이 우상이 될 수 있겠습니다.

이렇듯 여러분의 자아가 스스로 독립할 때까지 우상은 필요합니다. 그런데 우리가 경계하고 주목해야 할 것은 우상은 아무래도 우상일 뿐이라는 사실입니다. 아무리 좋은 우상이라 할지라도 말입니다.

사람들은 자기의 우상이 있으면 우상을 찬미하게 됩니다. 온 관심을 그 우상에게 쏟습니다. 내 자아는 변변치 못하나 그 우상이 강력한 나의 힘이 되어주기 때문입니다. 충분히 매력이 있습니다.

그런데 그 우상은 연예인이나 운동 선수가 될 수도 있고, 나의 부모일 수도 있고, 돈과 권력과 명예가 우상일 수 있고, 위인이나 성인, 종교나 신이 될 수도 있다고 했습니다. 그것이 가치 있다고 생각될 경우에는 일생 동안 그 우상에 정열을 바쳐 헌신하고 몰두합니다. 그런 사람에게 '그럼 넌 뭐야?'라고 질문한다면, 뭐라고 대답할까요? '너나 잘하세요~'라고 답할까요?

어떤 우상을 따르면 그것이 아무리 좋은 것이라 할지라도 '참나'는 잃고 마는 것입니다. 내 마음속에 내가 없어지고 우상만 가득하기 때문입니다. 그렇다면 우리는 언제 내 마음속의 우상을 파괴할 만큼 강력한 자아를 구축하게 될까요? 도대체 그런 사람이 있었나요? 물론 있었지요. 석가, 공자, 예수가 바로 그런 사람이 아닙니까? 물론 보통 사람 가운데서도 찾아보면 얼마든지 있습니다.

우상이 더 이상 필요하지 않는 사람에게 그것은 단지 그 사람의 자유를 구속하는 장애물일 뿐입니다. 많은 사람들이 자신이 추종했던 신적인 우상을 배반하면, 자기에게 돌아올지도 모르는 복수 때문에 죄인처럼 우상에 끌려다니고 있습니다. 그 우상의 복수란 따지고 보면 불안, 초조, 외로움 같은, 자신의 마음속에 있는 심리적 현상뿐인데 말입니다.

소년이여 야망을 가져라!

청소년 때는 자신의 자아를 확립하지 못했기 때문에 참 자기를 발견하기가 쉽지 않습니다. 그렇다고 그것을 포기할 수는 없는 일입니다. 청소년들에게 완벽한 자아를 기대하기는 어렵습니다. 다만 자아보다도 강력한 어떤 뜻을 세우는 것이 바람직하겠지요. 그것이 '참나'의 시작이니까요.

뜻을 세우는 것, 그것을 입지(立志)라고 합니다. 내 인생의 목표를 세우는 것을 말합니다. 문제는 그 목표의 내용입니다. 돈이나 권력이나 명예를 목표를 세운다면 큰일입니다. 왜냐하면 이것들은 그 다음에 무엇을 할 것인지 알려주지 않기 때문입니다.

필자가 고등학교 때 배운 윤리 교과서에 클라크라는 목사가 말한 "소년들이여 야망을 가져라!"는 말이 있었는데요, '야망'이라는 말이 이제 생각해보니 좀 귀에 거슬리네요. 그래서 그런지 필자가 나온 학교나 그 지역 출신 인사들 가운데는 소위 출세했다는 사람들이 참 많습니다. 차라리 '소년들이여 큰 꿈을 가져라!'고 말했다면 더 좋았을 것이라는 생각이 듭니다.

우리의 옛 선비들은 대다수 성인(聖人)이 되는 것을 꿈꾸었습니다. 그것을 목표로 했기 때문에 후에 강력한 자아를 구축할 수 있었습니다. 그런데 요즘 우리는 이른바 고위층이라는 사람들이 앞서서 부정을 저지르고 사회에서 지탄받는 일을 몰래하다가 망신을 당하는 일을 종종 보게 됩니다. 어릴 때 '큰 꿈'이 아니라 '야망'을 품어서 그렇게 되었는지 모르겠습니다.

쥐새끼 같은 놈들

우리가 읽은 전래 동화에서 가짜인 모습으로 사는 사람은 쥐새끼로 표현되었습니다. 진짜인 도령이 스님의 도움으로 고양이를 갖다대자 들쥐로 변했지요. 들쥐는 고양이 앞에 꼼짝없이 본 모습을 드러냈습니다. 가짜로 사는 우리에게 해당되는 고양이는 무엇일까요?

학교에서 성적 좀 더 올려보려고 남의 답안지를 훔쳐보는 것은 쥐새끼입니다. 그 학생에게는 정학이나 퇴학이 고양이입니다. 길을 가다가 자기보다 어린 학생들의 돈이나 물건을 빼앗는 자도 쥐새끼입니다. 그런 자에게는 경찰이 고양이입니다. 자신의 외모가 잘났다고 남을 멸시하는 자도 쥐새끼입니다. 그 사람에게는 늙음이 고양이입니다. 부모 속이고 몰래 술 마시고 담배 피며 길거리에 가래침 퉤퉤 뱉는 학생들도 쥐새끼입니다. 그런 학생에게는 몸의 질병이 고양이입니다. 돈이면 최고라고 여겨 수단 방법 가리지 않고 남의 눈에 눈물까지 흘리게 하면서 돈을 모으는 사람도 쥐새끼입니다. 그런 사람에게는 사업 실패가 고양이입니다. 명예나 권력을 타마하여 군림하기를 좋아하는 사람도 쥐새끼입니다. 이들에게는 죽음과 몰락이 고양이입니다.

[1] 불교에서는 수행을 통한 깨달음이 없는 일반 사람들이 생각하는 '나'를 왜 '진아(眞我)'라 말하지 않고 '가아(假我)'라고 부를까요? 영원한 시간적 관점에서 설명해봅시다.

[2] 불교에서 수행을 통하여 깨달을 수 있다는 '참나'를 합리적으로 설명할 수 있을까요? 깨달음이 없더라도 이론적으로 설명이 가능할까요?

[3] 일상적 삶에서의 보통인 나를 '진아(眞我)'로 보지 않는 불교는 현실을 무시한, 곧 우리의 삶과 무관한 피안(彼岸)만 추구한다고 비판할 수 있을까요? 있다면 비판의 근거를 말해보세요.

[4] '참나'를 깨달으면 무엇이 좋을까요? 그 반대로 '가짜인 내'가 더 매력적이지 않습니까? '참나'를 버리고 가짜인 나로 사는 것이 더 매력적인 이유를 말해봅시다.

둘째 마당

구경 못하고 죽은 어머니
극락 가는 데도 앎이 필요하다

구경 못하고 죽은 어머니

1

옛날 어느 곳에 일밖에 모르는 어머니가 있었습니다. 일을 잘하는 것은 칭찬할 이이지만, 세상에 태어나서 바깥 구경한 번 하지 않고 일만 죽도록 하는 것은 저승에 가서 재판을 받을 때 죄가 된다고 합니다. 구경을 다니다보면 집안이나 동네에서 자기만 훌륭한 줄 알았다가 자기보다 나은 사람이 많다는 것을 알고 고개를 숙이는 겸손도 생길 것이고, 우리 고장보다 인심이후한 곳도 보고 경치가 뛰어난 산천도 보면서 마음이 넓어질 것이고, 일 외에도 사람이 살아가는 훌륭한 길이 있다는 것도 알게 되어 옹졸한 사람이 되는 걸 피할 수 있다는 뜻인가 합니다.

일밖에 모르는 어머니에게 누가 구경을 가지고 하면 일해야한다며 거절하기 일쑤였습니다.

"아무개 엄마, 어디 절이 참 좋답디다. 절 구경 갑시다."

"흥, 가서 뭐합니까? 나는 일을 해야 돼요."

"아무개 엄마, 어디 가면 볼 만한 구경거리가 많답디다. 같이갑시다."

"흥, 구경이 밥 먹여줍니까? 나는 할 일이 많아요."

이렇게 나오니까, 그 다음에는 사람들이 구경을 가더라도 같이 가자는 말을 하지 않았습니다.

갔다 와서도 재미있었던 이야기를 누가 들려주면, "흥, 구경하면 배부릅니까? 돈만 쓰고 나중에 쩔쩔매지. 내 앞에서 구경 갔다온 얘기는 하지도 마슈. 나는 일밖에 모르니까요" 하면서 쏘아주었습니다.

그러니까 이 어머니는 구경 소리만 나오면 일밖에 모른다는 말을 내세우는 버릇이 생겼습니다.

일밖에 모르는 어머니는 젊어서도 일만 했지만 늙어서도 일만 하였습니다. 큰아들 집에 가서는 논일을 해주고, 작은아들 집에 가서는 밭일을 해주고, 셋째아들 집에 가서는 손자를 봐주고, 딸네 집에 가서는 빨래를 해주는 등, 하루도 일을 하지 않는 날이 없었습니다. 젊어서부터 일만 하여 몸에 일이 배었다고 하지만, 늙어서 기운이 떨어졌는데도 아는 것이라고는 일밖에 없으니까 숨이 가쁠 정도로 항상 일이었습니다.

아들이나 며느리, 딸, 사위 할 것 없이 으레 어머니를 보면 자기들이 할 일인데도 어머니에게 미루었습니다. 일밖에 모르는 어머니는 늙어서 고생을 하게 되었으나, 이에 아랑곳하지 않고 아들딸은 어머니 몸이 쇠로 만들어진 줄 아는지 부지런히 일을 맡겼습니다.

일만 하다가 어느 날, 결국은 어머니가 돌아가셨습니다. 장례를 치르고 나서 아들 하나가 말했습니다.

"우리 어머닌 일밖에 몰랐으니 저승 가서도 일만 할 거야."

딸이 말했습니다.

"어머니가 우리가 할 일까지 다하시는 바람에 일을 못 배웠어요. 인제 우리집에 일이 생기면 누가 하지요?"

"어머니는 워낙 몸이 튼튼하셨으니까 늙으셨어도 힘들지 않았을 거야."

자식들은 이렇게 불효 막심한 말만 서슴지 않고 했습니다. 일만 하다가 죽은 어머니는 자식들에게서도 이런 말만 듣게 되었으니 참으로 불쌍한 어머니가 된 셈입니다.

그런 어머니가 저승에 가서 염라대왕 앞에 섰습니다.

"너는 살아서 유명한 합천 해인사엘 가보았느냐?"

"못 가봤습니다. 못 간 게 아니라 누가 가자고 해도 제가 안 갔습니다."

"그러면 금강산 구경을 하였느냐?"

"아니오."

"그러면 어느 시장에 가보았느냐?"

"못 가보았습니다."

"그러면 집에서 멀지 않은 어디는 가보았느냐?"

"아니오."

"그러면 생전에 무엇을 구경하였느냐?"

"구경할 것이 뭐 있습니까? 논에 가고 밭에 가고 집안 일을 하고 그리고 먹고 자면 그만이지 무슨 구경을 다닙니까?"

"아하, 참으로 당당한 이야기다만, 그저 먹고 사는 것만이 사람이 할 일이란 말이냐? 세상 구경을 하다보면 나보다 나은 사람도 보고 불쌍한 사람도 보고, 절에 가서 부처님도 보고 좋은 말씀도 듣고, 살림 솜씨도 늘어날 것인데, 너는 고집만 피우고 바깥 구경을 전혀 하지 않았으니 내가 재판하기가 괴롭다. 소견이 좁아서 말을 할 수가 없어. 일만 하다가 저승에 온 사람을 만나면 제일 답답하다. 너는 인간 세상에 다시 나가서 세상 구경을 실컷 하다가 다음에 오너라. 사람으로 나가면 다시 일을 할 테니 이번에는 개로 만들어주겠다. 너의 집에 개로 들어가서 세상 구경을 하다가 다시 오너라."

이렇게 명령을 하였습니다. 일밖에 모르는 어머니는 칭찬 한 마디 듣지 못하고, 사람으로 다시 사는 것이 아니라 바로 자기 집 개로 되살아났습니다.

하루는 큰아들이 일을 나갔다가 들어오니까 이전에 보지 못한 개가 한 마리 마당에 있었습니다. 멀리 쫓아내려고 하여도 고집을 부리며 집을 떠나려고 하지 않아서, 들어온 개인가보다 하고 집에서 거두어 길렀습니다. 개 주인이 찾으러 다니지도 않아서 안심하고 개를 집에서 기른 것입니다. 개는 참 영리하였습니다. 속을 썩이는 일도 없고, 도둑이나 낯선 사람을 보면 잘 짖었습니다. 고마운 개이기에 식구들은 모두 그 개를 사랑하였습니다.

어느 날 부엌에서 쇠고기를 굽는 것을 보고 개는 몹시 먹고 싶었습니다. 그 옆에는 맛있는 김도 구워놓았습니다. 조기도 있었습니다. 아들 형제며 딸들이 찾아왔습니다. 손자들도 데리고 왔습니다.

'아, 오늘이 내 제삿날이구나.'

겉은 개였으나 속은 사람인 어머니가 제삿날을 생각해냈습니다. 저 음식은 제사를 핑계 대고 자기들만 먹을 것입니다. 일만

하다가 죽은 어머니는 과거를 돌이켜보니 이 재산이 누구 것인가 생각이 나서 그만 눈물이 핑 돌았습니다. 부엌에 들어간 어머니는 자기 제사상에 오를 생선 한 토막을 맛보았습니다. 당연히 먹을 권리가 있기 때문입니다. 마침 배가 대단히 고팠습니다.

"아이고, 저놈의 개 좀 봐라. 어머니 제사상에 오를 생선을 저 개가 다 먹네."

큰며느리가 부엌에 들어오다가 놀라 소리쳤습니다.

"어디 어디?" 하면서 아들딸이 나오더니 부엌에서 나오는 개를 때렸습니다. 개는 견딜 수 없어서 도망을 쳤습니다. 다리가 부러졌습니다. 동네 밖으로 쫓겨난 개는 이제 아무것도 얻어먹지 못해서 굶어죽을 지경이었습니다.

이것을 다 알고 있는 염라대왕은 작은아들의 꿈에 개가 나타나도록 하였습니다.

"내가 이만저만해서 죽어 개가 되었다. 구경을 하지 않아서 너의 집 개가 되었는데, 너희들은 내가 이루어놓은 재산을 차지했으면서도 내가 생선 토막 하나 먹었다고 이처럼 죽도록 팼느냐? 내가 다리를 다쳐 걸을 수가 없다. 동네 밖에 있는데 와서 데려가거라."

작은아들은 꿈을 꾸고 난 뒤 형님에게 달려갔습니다. 어머니가 일만 하다가 죽은 뒤 개가 되어 우리집에 다시 왔다는 꿈 이야기를 하자 형은 별소리를 다한다면서 믿지 않았습니다.

다른 식구들에게도 말을 해보았으나 믿는 사람이 없었습니다. 작은아들은 꿈에 나온 장소로 가서 개를 데려왔습니다.

그날 밤 큰아들의 꿈에 어머니가 나타났습니다.

"네 동생에게 일렀는데도 너는 믿지 않는구나. 나는 지금 네 동생이 데려다가 간호를 해준 덕분에 좀 지낼 만하다."

형은 크게 놀랐습니다. 동생이 한 말은 농담이 아니었습니다. 부랴부랴 동생 집으로 달려가서 의논을 한 뒤에 개를 집으로 데리고 왔습니다.

방을 따로 만들어주고 꽃방석 위에 앉히고 매일 같이 목욕을 시켜주고 조석으로 맛있는 음식을 바쳤습니다.

그런 뒤에 큰아들은 개를 짊어지고 전국 방방곡곡을 다니면서 구경을 시켜주었습니다. 아들에게는 개가 아니라 어머니였기 때문에, 생전에 일만 하다가 아무것도 구경하지 못한 어머니의 한을 풀어드리러 다닌 것입니다.

"어머님, 여기가 합천 해인사입니다. 저게 팔만대장경입니다."

"어머님, 여기가 김제 금산사입니다. 미륵전이 저것입니다."

"어머님, 여기가 금강산입니다. 일만이천 봉이 보이십니까?"

"어머님, 여기는 바다입니다. 싱싱한 고기가 저렇게 많이 잡혔습니다."

"어머님, 여기는 서울입니다. 사람들이 참 많이 다니지요? 저것이 남대문이고, 이것이 임금님이 계시는 대궐입니다."

그러면 개는 등에 업혀서 고개를 끄덕끄덕하였습니다.

가는 곳마다 개를 업고 다니는 아들을 구경하려고 사람들이 몰려들었습니다. 아들의 말을 들은 사람들은 많은 것을 배우게 되었습니다. 특히 자식된 사람들은 부모가 살아 있을 때 효도하는 법과 돌아가신 뒤에 효도하는 법을 배웠습니다. 구경이란 것이 그렇게 소중한 줄을 그때야 아는 사람도 많았습니다. 이 점을 염라대왕은 미리 예측했던 것입니다.

세상 구경을 다한 개는 집으로 돌아가자고 낑낑거렸습니다. 집에 돌아오자 아들은 개에게 이부자리를 마련해주고 맛있는 것을 대접하였습니다.

하루는 개가 집을 나가더니 마을 뒷동산에 가서 누웠습니다. 그러더니 스르르 잠들 듯이 죽었습니다. 아들과 딸은 개를 그 자리에 고이 묻었습니다.

그 자리가 참으로 명당이었던 것은, 후손 중에 진사 급제한 사람뿐만 아니라 충신과 효자가 많이 나온 것을 보면 알 수 있었습니다.

어머니는 다시 염라대왕에게 갔습니다.

"세상 구경을 다해보니 소감이 어떤가?"

"진작 구경을 다니지 못한 것이 한이었습니다. 절 구경을 할 때마다 마음이 후련해졌습니다."

"잘했다. 이제는 네가 어디에 가겠느냐? 저편으로 가거라."

어머니가 그곳으로 가보니 현판에 '극락문'이라고 새겨 있었습니다. 자식들은 그 뒤 어머니를 기념하는 절을 지었다고 합니다.

(최래옥 엮음, 『한국전래동화집』 11, 창작과비평사)

염라대왕

염라대왕은 원래 힌두교의 『리그베다』라는 경전에 등장하는 최초의 인간이자 최초로 죽은 '야마'인데, 후에 불교에 받아들여져 지옥의 왕이 되었고, 불교가 중국에 전해지면서 도교의 영향을 받아 염라대왕이 되었습니다.

그는 피처럼 붉은 옷을 입고 왕관을 썼으며 물소를 타고 한 손으로는 곤봉을, 다른 손으로는 올가미를 잡고 있습니다. 올가미는 죽은 이의 영혼을 묶는 포승줄이고, 곤봉은 정의로운 판정을 내리고 악을 섬멸하는 무기입니다.

그는 저승사자를 시켜 죽은 이의 영혼을 데려온다고 합니다. 저승사자는 흔히 검은 망토(우리나라에서는 검은 두루마기)에 갓을 썼는데, 눈은 붉고 머리털은 곤두섰으며 코는 까마귀 부리와 비슷합니다. 사람이 죽어 저승사자에 이끌려 염라대왕 앞에 가면 그는 사람의 수명이 적힌 장부를 보고 죽은 사람을 확인하고 나서, 그가 살았을 때의 행적에 따라 심판하는 것으로 알려져 있습니다.

이 염라대왕이 꼭 불교적인 것이냐 도교적인 것이냐 딱 잘라 말하기는 쉽지 않습니다. 섞여 있기 때문입니다. 이처럼 우리나라 민담이나 동화에서도 도교적인 요소와 불교적인 요소가 혼합되어 있습니다. 마치 오늘날 무당들의 의식을 보면 불교적인 것과 도교적인 것이 섞여 있는 것과 같습니다. 도교에 대해서는 『전래 동화 속의 철학』 시리즈 3권에서 자세히 말한 바가 있어 여기서는 생략하겠습니다.

여기에서는 염라대왕이 불교의 윤회 사상과 관련되어 있으며 사람을 개로 환생시키는 역할을 합니다. 우리나라 전설이나 동화 속에서도 흔히 염라대왕이 심판을 통하여 사람을 다시 사람이나 가축 또는 동물 등으로 환생시키는 역할을 하고 있습니다.

사람과 가까운 개

동물 중에서 사람과 가장 가까운 것을 고르라면 우리는 두말없이 개를 택할 것입니다. 우리는 보통 개라고 하면 두 가지 이중적 태도를 취합니다.

하나는 부정적인 의미에서 좋지 못한 것을 말할 때 개를 떠올립니다. 우리는 진짜보다 쓸모가 덜한 것을 말할 때 '개' 자를 붙이는데, 가령 '개살구', '개떡', '개똥참외' 등이 이런 경우입니다. 또 욕을 할 때 항상 어떤 낱말이나 문장 앞에 '개' 자를 붙입니다. 좀더 심한 말은 성행위가 문란한 사람을 개와 관련지어 말하기도 합니다. 가장 심한 경우는 어떤 사람에게 맹목적으로 충성하는 사람을 '아무개의 개'라고 합니다.

다른 하나는 긍정적인 의미에서, 주인의 말을 잘 듣고 도둑도 지키고 귀여운 짓을 하는 면을 떠올립니다. 개가 주인을 살린 이야기를 보면, 개가 다른 동물과 달리 얼마나 사람과 친근한지 알 수 있습니다. 그래서 사람들은 개를 다른 동물보다 더 좋아합니다. 동서양을 막론하고 말입니다.

개고기 먹는 문제로 이야기를 바꾸어보겠습니다. 흔히 우리는, 서양 사람들이 개고기를 먹는 것을 반대하는 것으로 알고 있습니다. 서양 사람들은 애완견을 많이 키우고 경우에 따라서는 가족처럼 여기며, 죽고 나면 무덤까지 만들어주므로 개를 얼마나 사랑하는지 짐작이 갑니다. 이런 개를 잡아먹는 한국 사람들을 보고 '야만인'이라고 하는 것을 이해할 수 있습니다.

그러나 정작 한국 사람들은 무슨 소리냐고 반문합니다. 서양 사람들의 잣대로 보니까 그렇지, 우리는 옛날부터 애완견이라는 것이 없었고, 때가 되면 키우던 개를 잡아먹었기 때문에, 우리보고 야만인이라고 부르는 것은 우리의 문화를 모르는 무지의 소치라고 생각하는 사람들이 많습니다. 문화 상대주의를 자주 언급하는 것도 이런 이유입니다. 그리고 애완견은 아예 먹지도 않는다고 큰소리칩니다. 게다가 개고기는 몸이 허약한 사람에겐 건강하게 만들어주는 보양식이라고 하고, 한 술 더 떠 남자들에게는 정력을 왕성하게 해주는 음식이라고 외국인들에게까지 권하기도 합니다.

그런데 한국 사람 가운데도 개고기를 먹는 것에 반대하는 사람들이 있다는 것을 아시나요? 물론 애완견을 기르는 사람이나 서양 문화의 영향을 받아들인 사람 말고도 있다는 말입니다.

필자가 어렸을 때 개고기를 일상적으로 먹은 일은 거의 없었습니다. 또 먹더라도 어딘가 모르게 꺼림칙함을 느꼈고, 그래서 여자들이나 아이들은 잘 안 먹었으나, 장난기 많은 남자들이 으슥한 데서 자기들끼리 먹었습니다. 곧, 전통적인 문화에서는 개고기를 지금처럼 버젓이 먹지는 않았다는 것입니다. 몸이 허약해서 먹을 고기가 없을 때, 즉 어쩔 수 없을 때 먹었고, 고기 구경을 하기 어려운 사람들이 몸보신으로 먹을 정도였습니다.

왜 개고기를 돼지고기나 소고기처럼 먹지 않았을까요? 그 까닭은 앞에서 읽은 동화와 관계가 있습니다. 불교적 생각 때문입니다. 불교에는 윤회 사상이라는 것이 있는데, 이것은 사람은 죽어서 극락 세계에 들어가지 못하면 자신의 업보에 따라 계속 다른 동물이나 사람 등으로 태어나 세상에서 돌고 돈다는 것을 말합니다. 그런데 그 윤회하는 가운데 가장 높은 위치가 사람이고,

그보다 더 좋은 것은 윤회를 끊고 극락으로 가는 것입니다. 사람보다 좀 못한 것이 개입니다. 그러니까 자신의 업보에 따라 사람으로 태어나지 못하면 사람과 가장 가까운 개로 태어난다는 것입니다.

이치에 맞게 따져보면, 대개 자신보다 먼저 죽은 사람은 자신의 아버지나 어머니 또는 할아버지와 할머니 등 조상이 되겠지요. 따라서 개는 조상이나 가까운 사람이 죽어서 환생한 것일 수도 있다는 얘기입니다. 이 동화에서는 어머니가 죽어서 개가 된 경우이지요. 그러니까 불교 신자들은 그런 가능성을 믿었기에 개를 먹는 일을 꺼렸지요. 물론 불교의 가르침에는 생명을 함부로 죽이지 말라는 것도 있었지만, 다른 고기는 먹게 해도 유독 개고기를 먹지 말라는 경우는 바로 이런 이유가 있었던 것입니다.

이런 생각을 연장시키면 개뿐만 아니라 모든 동물을 사랑해야 한다는 논리가 발견됩니다. 자신의 조상이나 사랑했던 사람이 개가 아닌 다른 동물로도 환생할 수도 있으니까요. 그래서 이런 논리는 살생을 금하는 불교 교리를 한층 강화시켜줍니다.

전통 사회에는 온갖 미신이나 불교적 가르침, 또 다른 잡다한 방술이 섞여 있었기 때문에 이것들이 금하는 행동을 하기라도 하면, 자신에게 해가 돌아올까봐 대다수 사람들은 조심했던 것입니다. 그때는 과학이 발달하지 못하여 합리적인 생각을 하기가 어려웠기 때문에 더 그랬던 것입니다.

무식하면 귀신도 안 달라붙어

이 이야기의 줄거리는 대략 이렇습니다.

평소에 일밖에 아무것도 모르는 어머니가 죽어서 저승에 갔습니다. 염라대왕이 이를 답답하게 생각하여 개로 변하게 하여 세상에 다시 내보냈습니다. 어머니가 환생한 것을 알아차린 자식들은 개를 데리고 다니며 세상 구경을 시켜주었습니다. 사람들은 그로부터 구경의 소중함과 부모가 살아 계실 때 효도하는 법을 알았습니다. 어머니는 다시 죽어서 극락에 갔습니다.

그리고 이 이야기의 발단은, 일만 아는 어머니가 죽어서 저승에 갔을 때 염라대왕이 답답하게 여겨 세상에 개로 환생시켜 내보낸 일입니다.

그런데 염라대왕은 왜 어머니를 이 세상에 다시 내보냈을까요? 그 이유는 다음과 같은 그의 말에서 찾을 수 있습니다.

"아하, 참으로 당당한 이야기다만 그저 먹고 사는 것만이 사람의 할 일이란 말이냐? 세상 구경을 하다보면 나보다 나은 사람도 보고 불쌍한 사람도 보고, 절에 가서 부처님도 보고 좋은 말씀도 듣고 살림 솜씨도 늘어날 것인데, 너는 고집만 피우고 바깥 구경을 전혀 하지 않았으니 내가 재판하기가 괴롭다. 소견이 좁아서 말을 할 수가 없어. 일만 하다가 저승에 온 사람을 만나면 제일 답답하다. 너는 인간 세상에 다시 나가서 세상 구경을 실컷 하다가 다음에 오너라. 사람으로 나가면 다시 일을 할 테니 이번에는 개로 만들어주겠다. 너의 집에 개로 들어가서 세상 구경을 하다가 다시 오너라."

여기서 염라대왕은 말이 안 통한다는 표면적인 이유를 대고 있습니다. 곧, 재판을 해서 극락이든 지옥이든 보내야 하는데, 무식해서 도무지 재판을 할 수 없다는 이유인 것 같습니다. '무식하면 귀신도 안 달라붙는다'는 속담처럼, 염라대왕도 어쩔 수 없었던 모양입니다.

우리가 벌을 주거나 야단을 칠 때는 해당되는 사람이 사리를 어느 정도 분별해야 그것이 가능합니다. 어린아이나 정신병 환자에게 잘못에 대한 책임을 묻지 않는 것도 그런 이유 때문입니다. 책임이란 많이 알수록 무거운 법입니다. 그래서 염라대왕도 어쩔 수 없이 어머니를 개로 환생시켜 세상에 내보냈습니다. 원래의 사람으로 내보내면 사회에 혼란이 생기기 때문입니다. 그래서 염라대왕은 어머니가 세상에 다시 나가 사리를 분별하도록 견문을 넓히는 기회를 제공한 것입니다.

효도하는 법

염라대왕이 어머니를 개로 환생시켜 세상에 보낸 의도는 자식들에게 효도가 무엇인지 깨우치기 위한 것으로도 생각됩니다. 어머니가 일만 알았으니 일에 대한 고집이 있었을 것입니다. 어머니가 그렇지 않았다면 자식들도 나이든 어머니가 일만하도록 내버려두지는 않았겠죠. 그러나 워낙 어머니가 일하시기를 좋아하므로 자식들도 어쩔 수 없었던 것 같습니다. 그래서 어머니가 좋아하시는 일을 하시도록 내버려둔 모양이지요. 어머니에 대한 그러한 태도가 습관이 되어버려, 이제는 서슴없이 어머니는 일만 하는 사람으로 알았겠지요. 그러다가 나중에는 '어머니는 일을 해야만 행복하셔'라고 생각하며 효도하지 못한 마음에 조금도 거리낌이 없었을 것입니다.

염라대왕은 어머니를 환생시켜 이런 자식들로 하여금 다시 효도할 수 있는 기회를 제공했다고 할 수 있습니다. 자식들은 개로 환생한 어머니를 모시고 다니면서 세상 구경을 시켜드렸지요. 그리고 죽고 나서는 어머니를 위해 절을 지었다고 합니다. 그것이 죽은 어머니를 위한 효도로 인식되고 있습니다.

그래서 어머니가 견문을 넓혀서인지 아니면 자식들이 어머니를 위해 절을 지어서 그런지 몰라도, 어머니는 다시 죽어서 극락으로 가게 됩니다.

염라대왕의 이상한 판결

그런데 끝에 가면 어머니가 세상 구경을 하고 난 뒤 다시 왔을 때, 어머니의 행동에 대한 심판 없이 그냥 극락으로 보냅니다. 우리가 다른 전래 동화를 보면, 사람이 죽어서 염라대왕 앞에 가면 반드시 그 사람이 생전에 했던 일을 가지고 심판을 내려 지옥이나 극락으로 가게 합니다. 그런데 이상하게도 이 동화에서는 그렇지 않습니다. 단지 무식한 어머니를 세상 구경시켜서 견문을 넓히게 한 것밖에 없는데 말입니다. 그럼 견문이 많은 사람은 극락으로 가나요?

아, 물론 이런 것도 가능하겠네요. 어머니는 생전에 일 외에는 특별히 한 것이 없었습니다. 그렇기 때문에 남에게 피해를 준 일은 없다고 보아야겠네요. 그러니까 남에게 피해를 안 주고 견문만 넓히면 극락 세계에 간다는 말씀입니까? 글쎄요, 잘 이해가 안 되지요?

자, 이 동화를 다시 한 번 음미해봅시다. 자세히 읽어보면 유난히 많이 등장하는 낱말이 있습니다. 그게 무엇이지요? 네, 불교와 관계된 말입니다. '절'이라는 말이 많이 나오고, 구체적인 절 이름도 나오며, 또 부처님이란 이름으로도 등장합니다.

쉽게 극락 가는 방법 없나?

이야기 속에는 불교적 냄새가 물씬 납니다. 불교의 윤회 사상에 근거하여 개로 환생한다든지 절 구경을 한다든지 어머니를 위해 절을 지었다는 일이 그것입니다.

불교적 구원관에서 보면 사람이 자신의 본성을 깨닫지 못하고 약간의 견문을 넓혔다고 곧장 극락 세계에 들어가는 것은 아닙니다. 특히 선종(禪宗)의 경우는 더욱 그러합니다. 그것은 보통의 스님들도 어려운 일입니다. 그래서 스님들 사이에 '성불(成佛)하십시오'라는 인사를 하는데, 바로 극락 세계에 가는 것이 쉽지 않다는 것을 말해줍니다. 곧, 이 말은 자신의 본성을 깨달아 부처가 되라는 뜻입니다.

그런데 이 이야기에서 어머니는 큰 공덕도 깨달음도 없이 극락에 갑니다. 염라대왕의 판단이 그러합니다. 염라대왕의 판단은 여기서 이 이야기를 만든 사람이나 전하는 사람들의 입장을 반영합니다. 그러니까 민중들이 극락에 가고 싶은 염원은 있었지만, 스님처럼 수행 과정을 거쳐서 가기는 어려운 것입니다. 쉽게 가는 방법이 없을까 생각하게 되었다는 것이죠.

사실 당시의 민중들은 어머니의 입장과 같습니다. 평생 일만 해야 했습니다. 견문을 넓힐 시간도 여유도 없었습니다. 그러니 언제 어떻게 스님들처럼 수행하여 극락에 갈 수 있겠습니까? 설령 좀 여유가 있는 부유한 사람이라 하더라도 수행과 고행을 통한 깨달음은 어려운 일입니다. 그래서 생각해낸 것이 착하게 살면서 절 구경이라도 하고 부처님께 많이 빌기라도 하면, 그것이 가능하지 않을까 하는 것입니다. 그리고 돈이 많은 사람의 경우 절이라도 지어 부처님을 모시면 후세에 자신이 죽어서 극락으로 갈 수 있다는 것이지요. 이것은 죽은 부모를 위하여 효도하는 것이기도 합니다.

여기서 알 수 있는 것은 극락에 가기 위해서는 기본적인 앎이 전제가 됩니다. 무지하면 안 됩니다. 아무리 양보해서라도 최소한의 견문이 필요하다는 것입니다. 불교의 수행 과정에서 세 가지 독(毒)이라 하여 떨쳐내기 힘든 것 가운데 탐욕과 화냄과 어리석음이 있는 것만 보아도 아는 것이 얼마나 중요한지 알 수 있습니다.

저승은 이승을 위해 있는 것

앞의 이야기에서 어머니가 죽어 저승에 갔을 때 염라대왕은 도무지 말이 안 통한다 하여, 개로 환생시켜 살았을 때 하지 못했던 경험을 하게 합니다. 그 덕분에 자식들도 다하지 못한 효도를 하게 됩니다. 이렇듯 저승이란 이승에서 다하지 못한 일을 하게 만드는 곳이기도 합니다.

이런 이야기는 수없이 많습니다. 6학년 국어 교과서에 「덕진 다리」라는 이야기도 이와 닮은 데가 많습니다. 이야기의 대강은 이렇습니다. 영암 원님이 죽어서 저승에 갔는데, 원님은 염라대왕에게 이승에서 좀더 살게 해달라고 부탁하였습니다. 염라대왕은 젊은 나이인 원님이 딱하여 이승으로 가라고 하였습니다.

저승사자가 저승까지 데려온 수고비를 내놓으라고 하자 저승에 있는 원님의 곳간에 가보니 볏짚밖에 없었습니다. 자신이 평소 남을 위해 한 것이 고작 볏짚 정도의 가치밖에 없었기 때문입니다. 그래서 주막집 딸 덕진의 곳간에서 쌀 300석을 꾸어 저승사자에게 주었습니다. 이승에 와서 주막집 딸 덕진을 찾아간 원님은 만인에게 적선하는 덕진의 모습에 감명을 받았습니다. 원님은 저승에서 꾼 300석을 덕진에게 돌려주었습니다. 영문도 모르는 덕진은 그 쌀을 팔아 다리를 놓았습니다. 그 다리 이름을 '덕진다리'라고 하였습니다.

이와 같이 전래 동화 속에서 저승을 등장시킨 것은 저승이 어떤 곳인가를 알아보거나, 앞으로 가서 어떻게 하면 잘 지낼 것인가를 알려주기 위한 것이 아니라, 생전에 이승에서 어떻게 살아야 하는가를 경계시키기 위해서입니다.

바로 우리가 읽은 이야기도, 살았을 때 견문을 넓혀야 하고 자식들도 부모가 어떤 고집을 피운다고 그대로 두지 말고 제대로 효도를 해야 한다고 가르치고 있습니다.

이것은 이렇게도 해석할 수 있습니다. 기독교나 불교, 도교 같은 종교에는 지옥과 극락(또는 천국이나 천상의 세계)이 있습니다. 사실 이런 것들은 실제로 극락이나 지옥이 있는지 죽어보지 않아서 알 수 없지만, 적어도 살아 있는 사람들에게 착한 일을 하면 극락에 가고 나쁜 일을 하면 지옥에 가서 고통을 당한다고 알려줌으로써, 사람들이 죄짓지 않고 바르게 살 수 있게 만든다는 점입니다. 오늘날처럼 합리적으로 또는 과학적으로 생각하는 힘이 부족한 옛날 민중들에게는 이러한 극락과 지옥이 있다는 것이 그들의 생활에 상당한 영향을 끼쳤을 것입니다. 그래서 이러한 점이 이 이야기에 숨어 있는 의도입니다.

극락 가는 데도 앎이 필요하다

이제껏 우리는 이 이야기를 통해 말하려는 의도를 탐색해보았습니다. 그렇다면 이 이야기의 주제가 무엇일까요? 그리고 발견되는 논리는 무엇입니까? 또 그 논리는 보편적인 것입니까? 만약 보편적인 것이라면 오늘날도 여전히 유효할 것입니다.

먼저 주제를 탐색해봅시다. '부모에 대한 효도', '극락 가는 데도 앎이 필요하다', '일만 하지 말고 사람답게 살자' 등 여러 가지로 생각해볼 수 있습니다.

사실 위에서 제시한 주제들은 모두 다른 것과 연관이 있습니다. 유교적인 입장에서 본다면 부모에 대한 효도나 사람답게 살자는 것이 주제가 되겠습니다. 일만 하지 말고 사람답게 살면 극락에 갈 수 있다는 논리도 가능합니다.

그러나 이 이야기에 반영된 문화와 만든 사람의 의도를 간파한다면, '극락 가는 데도 앎이 필요하다'에 가까울 것입니다. '착하게 살기만 하면 되지 무슨 앎이 필요한지 모르겠네'라고 반문할지 모르겠습니다. 그러나 최소한의 앎이 없다면 무엇이 착한지 악한지도 구별할 수 없습니다. 곧, 옳고 그름을 구별하는 '시비지심(是非之心)'이 없다면 인간도 아니라고 맹자도 사단을 말할 때 힘주어 강조하지 않았습니까?

좀 어려운 이론이지만, 이 이야기는 불교의 이론에 그 배경을 두고 있습니다. 다음 장에서 자세히 다루겠지만, 간단히 말한다면 불교의 '팔정도(八正道)' 가운데 맨 처음에 나오는 '정견(正見)' 사상과 깊은 관련이 있습니다. 정견이란 정당한 견해, 바른 견해 또는 진정한 사상을 말하는 것으로, 이러한 바른 견해를 가지려면 우선 견문을 넓히는 데서 시작합니다.

곧, 이 이야기는 인간이 해탈하여 열반에 들어가는 원인을 밝히는 문제와 관련됩니다. 곧 어떻게 하면 열반의 경지에 도달할 수가 있는가를 실천하는 방법 가운데 하나가 '팔정도'인데, '정견'이 팔정도의 맨 처음에 오는 것입니다. 이 이야기에서 제시하는 앎이 아주 초보적인 것이지만, 어째든 바른 견해를 가지려면 견문을 넓혀야 한다는 것이지요. 따라서 이 이야기는 앎이 극락으로 들어가는 기본적 열쇠임을 알려주는 것이랍니다.

이러한 논리를 좀더 확대시키면, 이상적인 경지에 도달하려면 반드시 앎이 필요하다는 것입니다. 앎은 항상 초보적인 것에서 고차적인 것으로 옮아갑니다. 일 때문에 바쁘다는 핑계로 초보적인 앎부터 포기하면 안 되겠지요.

팔정도

앞에서 말했지만, '팔정도'란 열반에 들어가기 위한 여덟 가지 수행법입니다. 불교에서는 인간 세상을 고통의 바다, 곧 고해(苦海)라고 하는데, 그것은 집착에 의한 번뇌에서 생긴다고 합니다. 그래서 수행을 통한 깨달음으로 그것을 없애야 비로소 열반에 들어갑니다. 바로 여기서 바른 수행의 실천 방법이 요청되는 것입니다. 팔정도를 좀더 자세히 살펴보면 다음과 같습니다.

첫째는 정견(正見)으로, 바른 견해나 정당한 견해라는 뜻인데, 우주에 있는 모든 것은 항상 그런 모습이 아니며 무아(無我)를 생생히 간파하고, 바른 도리를 체득하기 위하여 실천하고자 하는 이상을 가지는 것을 말합니다. 팔정도 중에서 가장 중요한 것으로 최초인 동시에 최후의 지위를 차지합니다.

둘째는 정사(正思)로, 진정한 사유라는 뜻이며, 진정하게 사유하여 이 진리를 체득하고자 하는 심리적 작용을 말합니다.

셋째는 정어(正語)로, 진정한 언어를 의미하며 망령된 말이나 교묘하게 꾸미는 말 또는 나쁜 말을 피하는 것입니다.

넷째는 정업(正業)으로, 진정한 행동을 뜻하며, 행동에 잘못이 없도록 하는 것을 말합니다.

다섯째는 정명(正命)으로, 정당한 생활로 불교의 정신에 의하여 불교적 생활 방법으로 생활하는 것을 말합니다.

여섯째는 정정진(正精進)으로, 진정한 노력을 뜻하며 팔정도 중 일곱 가지를 지키기 위한 노력을 말합니다.

일곱째는 정념(正念)으로, 진정하게 정견(正見)을 지속적으로 잊지 않는 것을 말합니다.

여덟째는 정정(正定)으로, 정신 통일법을 뜻하는데 정(定)은 선정(禪定)을 가리킵니다.

이 여덟 가지의 상호 관계를 요약하면, 세상과 우주의 원리인 정견을 지속적으로 노력하는 데는, 일상 생활에서 불교적 생활 방식으로 바로 말하고 생각하며 행동하여 깨닫고, 특수하게는 참선으로 선정에 몰입해야 바른 깨달음을 얻을 수 있다는 것입니다.

이렇게 보았을 때 극락, 곧 열반에 들어가는 것은 바르게 아는 것으로부터 시작되는 것입니다. 이 동화에 반영되어 있듯이, 민중들이 아무리 쉽게 열반에 들어가기를 원한다고 해도, 가장 기본적인 세상을 바로 보는 견해가 선행되어야 함을 염라대왕의 판단에서 엿볼 수 있습니다.

다시 말하지만 바른 견해란, 세상 만물은 스스로 독립하여 존재하는 것은 아무것도 없으며 서로 연관되어 있고 정해진 실체인 '나'는 없다는 것입니다. 단지 있다면 전체로서의 만물이 한몸인 상태의 '나'가 있다는 것입니다.

윤 회

이 이야기 속에 등장하는 불교 사상 가운데 윤회(輪廻) 사상이 두드러지게 나타나고 있습니다. 물론 윤회 사상은 불교 고유의 사상은 아닙니다. 윤회란 중생이 죽은 뒤 자신이 지은 업(業)에 따라 여섯 가지 세상에 수레바퀴처럼 태어나고 죽기를 반복하는 것을 말합니다. 그 여섯 세상이란 하늘, 인간, 아수라, 지옥, 아귀, 축생의 세계를 말합니다.

그러니까 이 윤회 사상은 인간에게 영혼이 있다는 것을 기본으로 하여, 그것이 없어지지 않는다는 영혼 불멸 사상을 기반으로 하고 있습니다. 그리고 이 윤회는 철저하게 스스로 지은 대로 받는다는 자업자득에 기초를 두고 있습니다. 스스로 착한 일을 하였으면 착한 결과를 받고, 악한 일을 하였으면 악한 결과를 받는다고 합니다. 그래서 일반인의 경우 윤회는 도덕적인 권선

징악의 차원에서 강조되었습니다.

그러나 불교에서는 권선징악을 넘어서 해탈과 열반에 들어가는 차원에서 강조되었습니다. 윤회한다는 것은 끝없는 괴로움을 반복하는 것이므로, 영원히 윤회의 수레바퀴에서 벗어나는 열반에 들거나 극락 세계에 왕생하는 것을 중시하였습니다.

그래서 이 한 생애가 끝나면 다음 생에서 무엇으로 태어나는가 하는 관심보다는, 자신의 한 생각 한 생각을 깊이 다스리고 깨달아서, 고요한 열반의 세계나 극락정토에 있는 것과 같은 상태를 유지하려고 노력하였습니다. 이런 관점에서 보면 마음이 분노로 가득 찬 상태가 지옥이며, 탐욕으로 가득 차 있는 것이 아귀이고, 어리석음으로 가득 차 있는 것이 축생인 것입니다. 따라서 이 순간의 마음가짐에 따라서 이 생에 있을 때 여섯 세상을 맴돈다고 보는 것입니다.

일찍이 신라의 원효대사도 윤회의 원인을 한마음에 대한 미혹으로 보았습니다. 곧, 한마음인 일심(一心)을 깨달을 때 윤회에서 벗어나 해탈할 수 있음을 밝힌 것입니다.

윤회 사상에 얽힌 이야기는 삼국시대부터 참 많이 있습니다. 물론 고려시대 때 번성했는데요, 다음과 같은 이야기가 전해오고 있습니다.

고려 공양왕 때 개성에 전염병이 크게 나돌아 많은 사람들이 죽었습니다. 그 가운데에는 겨우 다섯 살 된 눈먼 아이만 남겨놓고 부모가 죽은 집도 있었습니다. 그 집에서 개 한 마리를 기르고 있었는데, 부모가 죽어 아이가 굶주리게 되자, 이 개가 눈먼 아이에게 꼬리를 잡게 하여 마을의 집들을 다니면서 구걸할 수 있도록 하고, 밥을 다 먹고나면 샘터로 데리고 가서 물을 먹여주기까지 하였습니다. 이 소문이 조정에 알려지자 어명으로 개에게 정3품의 벼슬을 내렸습니다. 또한 마을에서는 이 개가 자비로운 보살이 윤회 환생한 것이라고 하여 개가 지나가는 것을 보면 모든 사람들이 합장하여 절을 올렸다고 합니다.

옛날에는 윤회 사상이 나쁜 버릇을 고치는 데도 한몫을 했습니다. 가령 '눈을 너무 흘기면 죽어서 가자미가 된다', '고기 뼈를 핥아먹으면 죽어서 강아지가 된다', '동물을 학대하면 죽어서 그 동물을 무서워하는 다른 동물이 된다'는 등의 말들이 그것들입니다.

앞에서 읽은 이야기와 유사한 이야기도 있습니다. 그 내용은 다음과 같습니다.

한 가난한 과부가 오누이를 남기고 죽었습니다. 염라대왕은 그 과부가 현세에서 가난하게 살아 명승 고적도 구경하지 못한 채 저승으로 온 것을 불쌍히 여겨 개로 환생시켜서 오누이가 사는 집으로 돌려보냅니다. 살기 어려운 아들은 이 개를 잡아먹으려고 합니다. 이때 한 스님이 찾아와서 그 개는 어머니가 환생한 것이라고 가르쳐줍니다. 아들은 크게 뉘우치고 그 개를 업고 명승지 유람에 나섭니다. 돌아오는 도중에 개는 이제 소원을 풀었다고 하면서 스스로 무덤을 파고 들어가 죽습니다.

이렇게 윤회설과 관계된 설화는 수없이 많습니다. 오늘날에도 그것이 여전히 남아 있어서 여러분의 삶에서 발견할 수 있습니다. 조상이나 가까운 사람이 죽었을 때 돌아간 지 49일 만에 사십구재를 지내는데, 돌아가신 분이 지옥이나 아귀 세상이나 축생 세계에 빠지지 않도록 불공을 드리는 것도 바로 이 윤회 사상과 관계가 있습니다.

그런데 이 윤회 사상과, 정해진 실체가 없다는 무아 사상은 서로 충돌을 일으킵니다. 정해진 내가 없는데 죽어서 어떻게 윤회를 하겠습니까? 불교 이론에서도 이 점을 해결하기 어려운 난제로 생각한 듯합니다. 다소 궁색하지만 이렇게 설명합니다. 현실적으로 존재하는 나는 육체와 정신이 잠시 합하여 이루어진 것인데, 몸이 죽게 되면 양초가 다 닳아 촛불이 없어짐과 같이 정신도 없어진다고 봅니다. 그런데 육체는 죽어서 없어지지만, 마치 촛불이 다른 양초가 있으면 다시 옮겨 붙듯이 죽은 정신적인 측면, 곧 영혼은 다른 육체를 얻어서 윤회한다고 보는 것입니다.

과거에 윤회 사상이 좋은 역할을 한 점도 있다는 것을 앞에서 말했지만, 부정적인 측면도 있습니다. 가령 하층민이나 못사는 사람에게 전생에 지은 죄가 많아서 그렇고, 부자들은 전생에 착한 일을 했기 때문이라고 주장할 수도 있습니다. 심지어 아내를 때리던 못된 남편은 아내더러 전생에 자신은 아내 집에서 키우던 소였기 때문에 지금 세상에서 복수를 한다고 합리화하기도 했답니다. 그러니까 윤회 사상은 민중들의 불만을 잠재우기 위한 도구로도 악용될 수도 있었습니다. 너희들이 못살고 힘든 것은 너희들이 전생에 잘못한 것이 있어서 그러니까, 너희들도 지금부터라도 착하게 살면 다음 세상에서 부귀를 누리며 잘살게 될 터이니, 주인이나 나라를 배반하는 나쁜 짓을 하지 말라고 말할 수 있었겠지요.

죽음에 대한 성리학적 설명

불교의 이론에 대한 송대 이후 성리학자들의 비판은 만만치 않았습니다. 성리학이 철학적인 형식에서 불교의 영향을 받았지만, 그 내용에서는 철저하게 불교를 배척하였습니다.

성리학의 세계관은 기본적으로 무신론입니다. 신이 세상을 창조했다거나 사람이 죽어서 저승에 간다거나 영혼이 불멸한다는 사상은 없습니다. 그러니까 천당이니 지옥이니 하는 것은 애당초 말도 안 되는 소리였습니다. 불교도 그런 관점에서 배척되었고, 조선 후기에 등장한 천주교나 기독교에 대해서도 똑같은 논리로 배척하였습니다. 심지어 귀신마저도 일종의 물질인 기(氣)로 설명하였습니다.

사람이나 사물이 생기는 것은 모두 리(理)와 기(氣)의 결합에 의하여 생긴다고 성리학은 보고 있지요. 리는 사물의 원리와 같은 것이고 기는 물질과 같은 것입니다. 그런데 여기서 리는 형체도 없고 움직임도 없습니다. 인간이 생각하거나 행동하는 힘은 리가 아니라 기인 것입니다. 그러니까 사람이 죽고 사는 것도 이 기에 관계되는 문제입니다.

사람의 몸은 혼(魂)과 백(魄)으로 이루어져 있다고 합니다. 혼은 기의 가볍고 맑은 것이며 백은 기의 탁하고 무거운 것입니다. 사람이 죽으면 혼은 가벼워 하늘로 날아가고 백은 시체로 남아 썩어 없어집니다. 그것이 '혼은 날아가고 백은 흩어진다'는 혼비백산(魂飛魄散)입니다. 그걸로 끝입니다. 내세니 천당이니 지옥이니 하는 것이 없음이 그 이유입니다.

유교적 가르침에서는 한 개인이 이 땅에 사는 기간이 채 백년도 못 되지만, 그 짧은 기간 속에 최선을 다해서 살아야 하는 것입니다. 현실을 외면해서는 절대로 안 됩니다. 그렇다고 유교 속에 '참나'가 없는 것은 아닙니다. 그것은 지극히 이성적이고 사회적인 공리(公利)를 위해 노력하는 성인이 유교적인 이상적 인간이며 '참나'입니다.

다만 성리학적 세계관에서 영혼은 없지만, 제사 의식 등을 통하여 후손들이나 후세 사람들의 마음속에서 영원히 사는 것입니다. 그래서 이름을 중시합니다. '호랑이는 죽어서 가죽을 남기고 사람은 죽어서 이름을 남긴다'는 말은 이 같은 유교적 세계관에 근거하고 있습니다. 그래서 속된 선비들은 그토록 이름 남기는 일에 몰두하였던 것입니다.

「불씨잡변」

「불씨잡변(佛氏雜辨)」이란 말을 들어보셨습니까? 담뱃불인지 뭔지 모르지만 불씨가 잡스럽게 변한다고 보십니까? 이것은 고려말 조선 초의 학자 정도전의 간단한 논문입니다. 불교를 여러 가지로 비판하여 배척한다는 뜻의 논문이지요. 정도전은 성리학자이자 정치가로서, 조선을 건국하기 위한 시나리오를 작성한 사람입니다. 그러니까 사실 조선은 정도전의 손에서 태어났다고 해도 과언이 아닙니다. 흔히 역사학자들 사이에는 우스갯소리로 '조선은 정도전 극본, 이성계 주연, 이방원 연출로 태어난 나라'로 말하기도 하는데, 이로 보아 정도전이 조선 건국에 얼마나 크게 이바지했는지 알 수 있습니다.

여기서 정도전은 여러 가지 불교적 이론이나 습속을 비판하고 있는데, 앞에서 얘기한 윤회에 대한 비판만 살펴보기로 하겠습니다.

불교에서는 앞에서 본 것처럼 영혼의 불멸과, 업보와 인과에 의하여 윤회를 주장합니다. 곧, 사람의 육체는 음양의 기가 흩어짐에 따라 사라져도 정신적 요소인 영혼은 없어지지 않고 남아서 자신이 지은 업에 따라 응보를 받으며, 과거와 현재 그리고 미래의 세상으로 윤회한다고 합니다.

정도전은 기가 모이고 흩어지는 것을 가지고 사는 것과 죽는 것을 설명하면서 불교의 윤회설과 그 근거가 되는 영혼불멸설이 비합리적인 것이라고 비판합니다. 그가 주장하기를, 불교에서는 사람은 죽더라도 정신은 없어지지 않고 마침내는 다시 형체를 받는다고 하지만, 사람이 태어나고 죽는 것은 기의 모이고 흩어짐에 의한 것으로, 기가 모이면 태어나고 기가 흩어지면 죽는다고 합니다. 이때 기의 모이고 흩어짐에 따라 태어나고 죽는 대상에는 정신도 포함됩니다. 그리고 이미 흩어졌던 것이 다시 합쳐지거나 이미 가버린 것이 다시 올 수는 없다고 합니다.

그리고 불교의 윤회설에서는 생물들의 수가 정해져 있어서 태어나고 죽기를 계속해도 전체적인 수의 증감이 없이 윤회가 계속된다고 합니다. 이것이 사실이라면, 현실의 만물들 가운데 어떤 종류의 수가 늘어날 경우 다른 무리의 수가 줄어들어야 합니다. 그러나 자연의 기가 왕성할 때는 만물이 동시에 번성하고 기가 쇠퇴할 때는 동시에 그 수가 줄어드는 것을 볼 수 있습니다. 그러므로 불교의 윤회설은 잘못된 것이라고 합니다.

그러니까 정도전의 불교의 윤회 사상에 대한 비판은 철저한 무신론적이고 합리적인 태도며 성리학적인 입장을 대변하고 있습니다.

천지의 기에 몸을 맡겨 노닐어야

천국과 지옥이란 이미 오래 전부터 지식인들 사이에서는 배척되었습니다. 오늘날의 학자들 가운데도 어떤 종교에서 말하는 천당과 지옥이라는 것은 실지로 있어서가 아니라 어리석은 민중들을 교화시키기 위해서 만든 장치라고 봅니다. 심지어 유명한 고승들도 극락과 지옥은 결국 자신의 마음속에 있다고 합니다.

기가 모이면 태어나고 흩어지면 죽는다는 생각은 원래 유학자들의 전유물은 아닙니다. 이미 전국시대 때 장자가 그런 생각을 했습니다. 그는 천하를 통틀어 하나의 기일 뿐이라고 합니다. 그는 단순히 지적인 흥미 때문에 그런 생각을 한 것이 아니고, 해탈을 위한 전제로 그렇게 생각합니다.

그래서 그가 말한 대로 만물이 기로 이루어져 있다고 하는 것은, 기가 모이면 삶이 되고 기가 흩어지면 죽음이 된다는 것을 뜻합니다. 따라서 삶도 죽음도 아무런 차이가 없으며, 오히려 자연 상태의 기의 흐름에 몸을 맡겨 노닐어야 한다고 말합니다. 그가 생각하는 죽음이란 쇳덩어리가 다시 재료로서 원래의 용광로에 던져지는 것을 뜻할 뿐입니다. 다시 또 어떤 형태로 되어 나오겠지만, 다시 인간이 되고 싶다는 애착을 가져서는 안 된다고 합니다. 이것은 일종의 죽음에 대한 공포를 초월하기 위한 방법이 됩니다.

철저한 무신론

성리학이 무신론적 세계관에 따라 천당이나 지옥을 믿지 않을 뿐만 아니라 사람의 영혼 따위도 믿지 않지만, 세상의 근본적 원리나 사람다움 등은 이미 정해져 있다고 주장합니다. 그러나 그런 원리가 기와 상관없이 있다는 것을 부정하고, 있는 것은 오직 기(氣)뿐이라고 주장한 사람은 조선말의 학자 최한기입니다. 이와 유사한 것은 서양의 유물론 철학입니다. 유물론도 철저한 무신론입니다. 있는 것은 오직 물질뿐입니다. 인간의 정신 작용을 부정하지는 않지만, 그것은 어디까지나 물질의 현상으로 보는 것이지요. 최한기도 이와 다르지 않습니다.

그래서 귀신이니 천당이나 극락이니 내세니 하는 것은 처음부터 믿지 않습니다. 다만 "유교 중에서는 윤리 도덕을 취하고 귀신이나 재앙의 설을 버리며, 서양 문화 가운데서는 과학을 취하되 천당이나 지옥과 복 받는 설을 제거하고, 불교 가운데서는 '허(虛)'나 '무(無)'라고 주장하는 것을 실제 있는 것으로 바꾸어 셋을 하나 되게 화합하면, 천하에 통하는 종교가 될 것이다"라고 말합니다. 이렇듯 철저한 무신론적 입장과 과학적이고 합리적인 입장에서 삶과 죽음을 바라보고 있는 것입니다.

누가 더 깨달은 사람인가?

철저한 무신론자들은 어떤 면에서 대단히 용감한 사람들입니다. 자신의 영혼이 불멸하니까 언젠가 수행을 통하거나 신의 구원에 의하여 천당이나 극락에 갈 것이라는 가능성을 처음부터 인정하지 않기 때문입니다.

이 세상 사람 치고 영원히 살고 싶지 않은 사람이 누가 있겠습니까? 내가 없어지지 않고 영원히 산다면 지옥이라도 가고 싶을 따름일 것입니다. 그러나 영원히 살고 싶다는 나는, 앞서 말한 지식인들이 생각하는 현실에서의 욕망이 가득한 '나'이므로, 이것 또한 불교처럼 지식인들이 큰 가치를 부여하지 않았다고 생각됩니다. 현실적인 내가 어떻게든 살아남아야 하겠다든지, 아니면 수행을 통해서 나의 정신적 생명을 연장시켜야 하겠다는 것은 다 부질없는 이기심 정도로 생각해볼 수 있습니다.

현실을 있는 그대로 합리적으로 바라보고, 자신의 생각을 정리하는 것이야말로 참으로 용감한 일이 아닐까요?

여전히 종교가 번성하는 이유

동서양을 막론하고 이름 있는 사상가나 철학자가 천당이나 지옥의 설을 비합리적인 것이라 하여 믿지 않고 배척하였습니다만, 아직도 그런 것을 주장하는 종교는 여전히 번성하고 있습니다.

종교가 번성하는 것은 인간의 삶이 유한하기 때문입니다. 그래서 사람들은 현실적 자아가 계속 존재하기를 바라겠죠. 나의 삶을 계속 연장시켜주는 어떤 초월적인 힘에 의지하게 된다는 말입니다.

또한 현실은 불안하고 미래 또한 불확실하기 때문에 종교를 믿게 됩니다. 종교에서는 대부분 미래가 나의 예상에 맞든 안 맞든 확신을 심어줍니다. 그 순간 사람들은 불안에서 해방되며 희망을 갖고 살아갑니다. 만약 그가 믿음이 강하다면 말입니다.

그리고 또 종교가 번성한 이유는 종교가 도시인들에게 공동체의 이점을 제공하기 때문입니다. 즉, 종교는 사교의 장이 되고 사업의 매개가 되기도 합니다. 살아가는 데 여러 가지 유용한 도움을 줍니다. 불안도 제거하고 내세도 보장해주고 게다가 여러 가지 도움까지 주니 얼마나 좋겠습니까?

그럼에도 불구하고 모든 종교인들이 똑같다고 오해해서는 안 될 것입니다. 심지어 같은 종교 같은 교단에 있는 사람끼리도 생각이 다를 수 있습니다. 천당과 지옥에 얽매인 신앙인도 있을 것이고, 그것은 단지 자신의 마음속의 현상일 뿐이라고 생각하는 사람도 있을 것이며, 또 어리석은 민중을 가르치기 위한 방편으로 그런 천당과 지옥설을 만들었다고 생각하는 종교인도 있을 것입니다.

더 높게는 삶과 죽음의 경계가 없는 종교인도 있을 것입니다. 산다는 것은 이미 욕망으로 가득 찬 내가 사는 것이 아니요, 세상 만물과 함께 산다는 것 말입니다. 죽는다는 것은 이미 이전의 탐욕스런 내가 죽었고, 설령 나의 육체가 죽더라도 나는 이 세상의 만물 속에서 살아 있다고 생각하는 사람도 있을 것입니다.

보통 저승과 이승을 육체의 죽음과 관련지어 말했다면, 이제 정신을 가지고 말할 수도 있습니다. 육체가 살아도 죽어 있는 정신이 있고, 육체가 죽어도 살아 있는 정신이 있다고 말할 수 있습니다. 곧, 정신에 관한 한 이승과 저승을 마음대로 넘나들 수 있다는 말이 되겠습니다. 알쏭달쏭합니까?

천국과 지옥

　여러분은 종교인입니까? 아니면 종교에 대해서 아니 내세에 대해서 생각해본 일이 있습니까? 만약 여러분이 텔레비전이나 영화에서 천당과 지옥이 나오는 장면을 볼 기회가 있다면 어떤 생각을 하게 되나요? 정말로 천당과 지옥이 있다고 믿습니까? 믿는다면 여러분은 대부분이 종교인일 것입니다. 종교인이 아니라면 하루바삐 종교에 귀의하십시오. 망설일 이유가 없습니다.

　여러분이 종교인이라서 이제 천국의 티켓을 받았으니 안심하고 편하게 살고 있습니까? 마음의 안식을 얻었습니까? 여러분이 믿는 종교로부터 받은 천국행 티켓이 가짜가 아니라는 확신이 있습니까? 만약 여러분들이 믿는 종교 지도자의 오류로 인하여 내가 천국에 가지 못한다는 생각을 해본 적이 있습니까? 아니 천국과 지옥을 맹목적으로 믿고, 지옥에 가기 싫어서 종교의 지도자가 시키는 대로 하기 싫은 일도 억지로 행하고 있지는 않습니까? '인생은 짧은 것이다. 그러니 고생하면서 공부하는 것이 무슨 소용이 있나? 천국에 가면 그만인데…' 하면서, 천국에 갈 준비를 위하여 종교 생활만 열심히 하면 된다고 생각하지는 않습니까?

　만약 여러분이 천국과 지옥이 있는 것을 믿지만, 아직 시간적 여유가 없어서 아직도 나에게 죽음이 멀리 있기 때문에, 나중에 종교를 가지겠다고 생각하신다면, 그렇게 하십시오. 그러나 불시의 사고로 목숨을 잃는다면 너무 억울하겠지요. 천국에 갈 준비를 못했으니까요.

만약 여러분이 종교에서 천국과 지옥이 있다고 말하는 것은 어리석은 사람들이 그렇게라도 하지 않으면 함부로 살기 때문에, 이들을 바르게 살게 하기 위해 만든 장치라고 생각하신다면, 종교를 가질 필요가 없습니다.

그렇다면 당신은 무슨 근거로 천국과 지옥이 없다고 생각하십니까? 천국과 지옥이 없어도 후회하지 않고 살 자신이 있습니까? 이 세상에는 오직 물질만 있고 영혼 같은 것은 없으며 사람이 죽으면 그만이라고 생각하십니까? 그렇게 생각하신다면 당신은 너무 억울하지 않습니까? 영원히 계속되는 시간 속에 내가 사라진다는 데 대한 안타까움은 없습니까? 그 안타깝고 소름끼치도록 무서운 외로움을 당신이 무슨 재주로 이겨낼 작정입니까?

천국과 지옥이 있는지 없는지 모르지만, 종교에 귀의하기 싫어서 그것이 없는 듯이 산다면 제일 한심한 일입니다. 신념도 확신도 없이 닥치는 대로 인생을 살기 때문입니다. 아마도 당신에게 위기가 닥치거나 불행한 일이 생긴다면, 쏜살같이 지푸라기라도 잡듯이 아무 종교에나 귀의할 것입니다.

천국이나 지옥에 가는 나는 누구인가?

사실 앞에서 말한 '내가 누구인가?' 하는 질문은 명확하지 않습니다. 왜냐하면 천당에 가는 나는 누구고 지옥에 가는 나는 누군지 확실하지 않기 때문입니다. 많은 사람들은 습관적으로 현재 자기를 진정한 나라고 생각합니다. 그것이 천당에 가고 지옥에 간다고 생각하는 것 같습니다. 그러나 생각해보십시오. 유년기의 나와 청년기의 나와 장년기의 나와 노년기의 나는 분명히 다릅니다. 몸의 기능도 생각도 경험도 다릅니다. 그렇다면 천국이나 지옥에 가는 나는 어느 때의 나입니까? 더욱이 사람이 늙게 되면 의식도 희미해지고, 더욱이 병이 들면 살았는지 죽었는지 명확하지 않을 정도로 정신이 약한 때도 있습니다. 그때 죽으면 그때의 내가 천당이나 지옥에 간다는 말일까요?

도대체 나라고 생각하는 것은 나의 무엇을 가지고 말할까요? 나의 육체입니까? 그렇다면 사고로 나의 육체의 일부가 손상이라도 당하면 그만큼 내가 없어지는 것입니까? 만약 육체가 진정한 나라면, 육체가 없어질 경우 나도 없어지는 것인가요? 만약 내가 없다면, 또 내가 죽는 순간 정신과 육체의 활동이 멈춘다면 천국과 지옥은 없는 것입니다. 왜냐하면 지옥이나 천당이 있다고 해도 거기에 갈 사람이 소멸되고 없기 때문입니다.

많은 종교나 철학에는 이렇게 변하는 나에 대하여 변하지 않는 내가 있다고 생각합니다. 바로 '영혼'이라는 것입니다. 그러나 그 영혼을 과학적으로 또는 의학적으로 증명할 수는 없습니다. 그 영혼이 우리의 복잡한 심리의 어느 측면을 말하는지도 분명하지 않습니다.

육체만이 느낌을 갖는다

필자는 천국과 지옥이 고대 문화의 산물이라고 생각합니다. 천국(天國)이나 지옥(地獄)은 한자 뜻이 그러하듯 하늘이나 땅을 매개로 한 공간을 가리키는 말입니다. 그러나 과학이 발달한 오늘날 하늘 위나 땅 아래 어떠한 곳에도 사람이 사는 공간은 없습니다. 아마도 고대인들은 자신들이 사는 세계와 다른 공간, 곧 하늘이나 땅 속에 죽은 자가 부활하여 사는 또 다른 세계가 있다고 믿었을 것입니다. 그리고 어떤 경우는 사람이 죽더라도 언젠가 부활한다고 믿었습니다. 그토록 많은 무덤에서 출토하는 부장품이 그것을 증명하고 있으니까요.

그런데 후대에 와서 사람들은 인간이 한 번 죽으면 육체가 다시 살아나지 않는다는 것을 알고는, 그 육체가 아니라 영혼이 지옥이나 천당에 간다고 생각했을 것입니다. 그럼에도 고대인들의 유산, 곧 아직도 어떤 종교는 사람이 죽더라도 언젠가는 육체가 부활한다고 믿고 있는 사실을 기억하기 바랍니다.

그러다가 오늘날은 심리학이나 의학이 발달하여 고대나 중세 사람들이 말하는 영혼이 무엇인지 밝혀내기를 난감하게 생각합니다. 보통 심리적으로 보면 사람들은 자신의 현실적 자아를 영혼 개념과 같은 것으로 여깁니다. 그러나 이 자아는 유동적이며 고정적인 실체가 아닙니다. 또 어떤 경우는 인간의 이성을 영혼과 같은 것으로 생각하기도 했습니다. 이성이란 인간이 선을 행할 수 있는 능력을 말하는데, 그것이 신학적으로나 철학적으로 영혼 개념을 대신할 수 있었습니다. 이성이 있으면 영혼이 산 것이고 이성이 없으면 영혼이 죽은 것으로 생각했습니다.

그렇게 되면 영혼은 눈에 보이거나 만질 수 있는 것도 아니기 때문에 영혼이 간다는 천당과 지옥도 눈에 보이는, 즉 감각의 대상이 될 필요가 없습니다. 그럼 천국이나 지옥이 꿈과 같은 것일까요? 사실 꿈도 육체와 분리가 안 되지만, 영혼이 육체를 떠나 있다면 천국이나 지옥으로 가서 존재해야 할 장소가 필요하지 않습니다. 더욱이 육체가 없다는 것은 감각이 불가능하기 때문에 고통도 기쁨도 느끼지 못합니다. 지옥의 고통도 천국의 쾌락도 그것을 느낄 수 있는 육체가 없으니 그것이 필요하지 않습니다. 이것은 하나의 모순입니다.

어쨌든 영혼에 관한 견해는 많은데 영혼창조설에서부터 영혼유전설, 심지어 영혼물질설까지 있습니다. 그러나 어떤 형태의 영혼설이든 간에 서양에서는 18세기 계몽 사상 이후 강력한 비판을 받아왔습니다.

보잘것없는 앎이 잉태한 오만

많은 사람들은 자신의 보잘것없는 앎을 가지고 마치 세상을 다 아는 듯이 확신에 차 있습니다. 필자도 고등학교 2학년 때인가, 가정 사정이 좀 어려워 학교를 그만둘 생각을 한 적이 있었는데, 당시 '알 만큼 아니까' 학교를 그만두더라도 다른 일을 할 수 있을 것이라고 생각했습니다. 너무나 오만하고 웃기는 생각이었지요. 사람들은 누가 공부를 많이 하면 많이 아는 사람이라고 습관적으로 생각합니다. 그래서 대학원까지 다녔다면 많이 알 것이라고 생각하는 것 같습니다.

그러나 많이 아는 것이 뭐 그리 대단합니까? 많이 알기 위해서는 굳이 학교를 다니지 않더라도, 퀴즈 공부를 하든지 책을 열심히 읽어서 알아내면 됩니다. 사실 많이 아는 것이 중요한 것이 아니라 한 가지를 알아도 제대로 아는 것이 중요합니다.

우리 고향 속담에 '반풍수 집안 말아먹는다'는 말이 있습니다.

풍수란 지금도 있는데 풍수 지리를 연구하는 사람 말입니다. 아,
있잖아요. 집터나 묘 자리 등 명당을 찾아주는 사람 말입니다.
요즘은 과학적인 연구 방법을 응용하여 좋은 터를 탐구하는 학
자들도 있습니다. 그러니까 이 속담은 풍수 노릇도 제대로 못하
면서 어설프게 알아서 상황을 더 나쁘게 한다는 말인데요, 제대
로 알지 못하면서 잘 아는 척 일을 하는 이른바 '겉똑똑이'를
두고 하는 말입니다.

　솔직히 말해서 우리나라의 여러 분야에서 일을 더 악화시키
는 사람들은 바로 이 겉똑똑이들 때문입니다. 최고 학벌이네 최
고 학위를 가졌네 하며 폼을 재지만, 학벌이나 학위가 중요한
것이 아니라 정말 제대로 알고 있느냐가 문제지요. 많은 사람들
이 과거의 향수에 사로잡혀 일을 그르치는 것도 바로 이런 것입
니다. 옛날에 내가 일류 학교를 다녔네, 과거에 내 수능 점수가
얼만데, 내가 공무원이나 회사에 들어갈 때 얼마나 우수한 성적
으로 들어갔는데 하고 자만하는 사람들이 이들입니다. 이들은
과거에 집착하여 현실의 변화에 어둡고 뒤처지는 사람들입니다.
아니 그보다 그들이 정작 공부했다는 책에 들어 있는 지식들이
얼마나 보잘것없는지 잘 모릅니다. 책에 나오는 지식이란 외우
고 이해하면 그만이지요. 그것 잘 외어서 시험 잘 본다고 많이
아는 사람이 아닙니다. 진짜로 제대로 아는 사람은 자신의 지식
이 확실한지 늘 고민하며, 광부가 갱도의 맨 끝에서 석탄을 캐듯
지식의 확실성을 위해 현장이나 연구실에서 노력하는 사람입니
다. 그보다 더 중요한 것은 이런 확실성의 바탕 위에서 새로운
지식을 만들어내는 것입니다.

제대로 안다는 것은 소크라테스의 말 '너 자신을 알라'의 속뜻처럼 자신이 무지하다는 것을 아는 것입니다. 공자 식으로 말하면, '아는 것을 안다 하고 모르는 것을 모른다고 하는 것이 참으로 아는 것'과 같은 것입니다. 그래서 알면 아는 대로 행하고 모르면 다른 사람에게 물어서 하면 됩니다.

초등학생들 가운데 가끔 안다고 까부는 친구들이 더러 있습니다. 그래서 무엇을 설명하거나 소개하려 하면 "저 알아요!" 하고 큰소리로 말합니다. 그래서 아는 것이 뭐냐고 물어보면, 대개 대답을 못합니다. 단지 그것에 대하여 듣거나 본 적이 있는 것을 가지고 안다고 말하는 학생들이 많습니다. 그리고는 아예 설명 듣기를 회피하거나 학습 활동에 진지하게 임하지 않습니다.

이렇듯 자신이 조금 안다고 새로운 앎에 대하여 눈을 감아버리는 사람들이 참 많습니다. 영혼과 천국과 지옥 등과 같이 자신의 삶에 관계된 앎일 때 더 처절하고 피나는 노력으로 탐구해야 하는데, 남이 만들어준 그것도 어떤 의도에서 만든 것인지도 모르는 종교적 교리나 신조를 선뜻 믿어버리고 더 알려고 하지 않는 사람들이 대부분입니다. 그리고 탐구하는 사람들을 멸시하거나 불쌍한 눈초리도 동정을 보내고 있습니다.

그 반대로, '종교에서 말하는 것은 모두 엉터리야. 사실을 증명도 못하면서 무조건 믿으라고 하네. 사람이 죽으면 다 끝이야. 귀신이고 지옥이고 천당이고 뭐가 있어? 너나 잘하세요' 하면서, 자신의 생각이 한 치의 틀림도 없다고 생각하는 사람들도 마찬가지로 자신의 앎에 대하여 되돌아보지 않는 사람입니다.

믿음이냐 앎이냐

어떤 사람은 이렇게 말합니다. '알기 위해서 믿는다'고 …. 이 말은 다음의 경우에는 맞을 수 있습니다. 가령 불교나 기독교를 더 잘 알기 위해서 믿어보는 것은 나쁠 것이 없습니다. 그러나 제대로 알려고도 하지 않고 일단 믿고 보는 것은 바른 태도가 아닙니다. 마치 좋은 약이라고 알려져 있으니까 왜 좋은지, 자기 체질에 맞는지도 모르고 일단 먹고 본다는 식입니다.

역사를 살펴볼 때 한 시대를 풍미한 어떤 종교나 철학이든 그 시대 정신을 초월할 수 없습니다. 그래서 당시에는 그 종교나 철학에서 말하는 것이 진리나 정의로 인식되었습니다. 그것을 위반하면 사회에서 따돌림을 당합니다. 그러나 그 시대에서 배척받고 이단시된 것들이 시간이 지나면 오히려 환영을 받는 경우도 있습니다.

가령 지금 이 순간에도 동국대학교 강모 교수의 논문에 대해 국가보안법 위반 문제로 나라가 시끄럽습니다. 언론 기관들은 고기가 물을 만난 듯 크게 떠들어댑니다. 취재할 것이 마땅치 않던 차에 큰 호재가 생겼기 때문이지요. 만약 이 문제가 박정희·전두환·노태우 전 대통령 시절에 불거졌다면 물어볼 것도 없이 구속 수사였겠지요. 검찰의 중립성 운운할 가치조차도 없습니다. 무슨 얼어죽을 중립성입니까? 그런데 지금은 법무부장관이 도주의 우려가 없기 때문에 구속 수사하지 말라고 지시하니까, 그것을 수용은 하면서도 검찰총장은 사퇴를 했습니다. 검찰의 중립성이 훼손된다는 데 대한 무언의 항의라고 할까요?

자, 보세요. 군사 정권 시절에 대다수 국민들은 보안법을 시퍼런 정권의 칼날 앞에 떨면서 묵묵히 따랐습니다. 남북이 첨예하게 대립했던 냉전 시대였기 때문에 어느 정도 불편함을 참을 수밖에 없었습니다. 국민들의 이러한 입장에는 아랑곳없이 당시의 검찰은 중립은커녕 권력의 시녀답게 아예 앞장서서 충성하지 않았습니까? 그러나 그 보안법을 철폐하라는 목소리가 있었지만 누구 하나 귀 기울이지 않았습니다. 극소수였기에 이단자 취급을 당하지 않았습니까? 지금도 상당수의 사람들이 그것을 철폐해야 한다고 주장하지만, 아직도 많은 수의 사람들이 반대하고 있는 것이 사실입니다. 그러나 가까운 미래에 통일이 된다면 이것을 고수하는 것이 얼마나 우스꽝스럽고, 자신들의 기득권을 지키기 위한 전가의 보도로 쓰였는지 판명날 것입니다.

그런 군사 정권에 충성하며 시녀 노릇을 했던 검찰 출신 국회의원들이 대거 포진한 당에서, 법무부장관의 강 교수 불구속 수사 지시는 검찰의 중립성을 해친다고 주장하는데, 그야말로 소가 웃을 일입니다. 자신들이 과거 검찰의 중립성 확보를 위해 무엇을 했다고. 그나마 지금에 와서 그들이 중립성을 운운할 수 있는 것도 따지고 보면 자신들이 구속했던 민주 투사들 덕분이 아닌가요?

그러니까 자신이 진지하게 생각하거나 알아보지 않고, 남이 무슨 사상이나 이론 또는 법이라 하더라도 현실이 그러하니까 믿고 따르는 것은 오류의 가능성이 있다는 것입니다. 역사적인 현장에서 그 시대의 사상이나 철학, 종교의 오류는, 그 시대를 떠나 객관적으로 바라보기는 쉽지 않습니다. 오직 깨어 있어서 제대로 아는 자만이 그것을 지적할 수 있습니다. 사람들은 그것도 모르고 아니 영문도 모른 채 그것을 어긴 사람에게 돌팔매질을 하면서 이단자로 찍어버립니다. 이렇기 때문에 맹목적인 믿음이 얼마나 위험한지 알 수 있습니다.

결 단

여러분은 여러분의 삶 속에서 남이 만들어준 신념 체계에 아무런 저항도 없이 묵묵히 맹종하고 있지는 않습니까? 그러면 여러분의 자유 의지는 죽은 것입니다. 그리고 '이건 아닌데 …' 하면서 따르는 것은 다만 용기가 없거나 제대로 알지 못하기 때문입니다.

'내가 무엇을 더 알겠는가? 똑똑한 사람들이 말하는 것이 맞겠지', '네가 알면 얼마나 안다고 그 사람들 말에 반대해, 잔말말고 시키는 대로 해'… 이런 말에 주눅들지 말기 바랍니다. 새싹은 밟아버리면 뭉개져 죽고 맙니다. 그러나 사람은 밟히면 더크게 반발합니다. 그게 사람입니다.

인생의 문제는 과외 공부처럼 남이 가르쳐주는 것이 아닙니다. 가르쳐주더라도 그림자에 불과합니다. 달을 가리키지만 배우는 사람은 가리키는 손가락만 보게 됩니다. 직접 부딪혀야 깨닫게 됩니다. 그러나 모든 사람이 직접 부딪힌다고 다 깨닫는 것이 아닙니다. 알고자 하는 노력이 없이는, 내 속에서 알고자 하는 욕망이 끓어오르기 전에는, 그런 깨달음이 평생을 통하여한 번이라도 오기 힘듭니다.

오죽하면 동화에서 염라대왕이 그랬겠어요. '도무지 말이 안통하니 다시 환생해서 견문을 넓혀서 오라'고 말입니다. 저승과이승의 문제, 천당과 지옥의 문제도 결국 앎을 통해 해결됩니다.

⑦생각해볼 문제

[1] 천국과 지옥이 있다는 것을 합리적으로 설명할 수 있을까요? 설명이 가능하다면 그 근거는 무엇일까요? 반대로, 없다고 증명할 수 있을까요? 증명할 수 있다면 그 근거는 무엇입니까?

[2] 앎이 종교에 귀의하는 것을 대체할 수 있을까요? 대체할 수 있다면 어떤 방식으로 가능할까요?

[3] 인간은 종교 없이 살 수 있을까요? 아무리 과학이 발달해도 종교나 미신이 사라지지 않는데, 그 이유는 무엇일까요?

셋째 마당

개와 고양이
가족 사이는 화합이 우선이다

개와 고양이

옛날 어떤 마을에 낚시꾼 할아버지와 할머니가 살았습니다. 그런데 할아버지와 할머니에게는 늙도록 자식이 없었습니다. 그래서 개와 고양이를 자식처럼 귀여워하며 오순도순 살았습니다.

하루는 할아버지가 강에 나가 늦도록 낚싯대를 드리웠지만, 물고기는 한 마리도 잡히지 않았습니다.

"거참 이상도 하지. 물고기가 한 마리도 잡히지 않다니 …. 오늘은 그만 낚싯대를 거둬야겠구먼."

할아버지가 허리를 펴며 낚싯대를 막 거두려 할 때 갑자기 낚싯대가 휘청했습니다. 낚싯대를 들어보니 금빛 비늘이 번쩍거리는 잉어가 걸려 있었습니다. 무척 기분이 좋아진 할아버지는 잉어를 들여다보며 깜짝 놀랐습니다. 마치 살려달라는 듯 잉어가 눈물을 뚝뚝 흘리지 않겠어요?

"하루쯤 물고기를 못 잡을 수도 있지 뭐. 말 못하는 물고기라도 이렇게 눈물을 흘리고 애원하는 걸 …."

마음이 아픈 할아버지는 잡았던 잉어를 놓아주었습니다.

다음날, 여느 날처럼 다시 강에 나가 낚싯대를 드리우고 있던 할아버지는 갑자기 물에서 솟아 나온 사람이 자기에게 절을 하자 또 한 번 깜짝 놀랐습니다.

"저는 용왕님의 신하랍니다. 어제 할아버지가 놓아주신 금빛 잉어는 용왕님의 아드님이십니다. 왕자님이 할아버지를 모셔오라고 하셨습니다."

"허어, 하지만 내가 어떻게 용궁에 들어간단 말이요?"

"그건 걱정하지 마시고, 부디 왕자님의 부탁을 거절하지 말아주세요."

말을 마친 사람은 자신이 타고 온 거북의 등에 할아버지를 태우고 물 속으로 들어갔습니다. 용궁에 도착한 할아버지를 용왕님과 왕자님이 반갑게 맞이하였습니다.

"어서 오세요. 제 목숨을 살려주셔서 정말 고맙습니다."

"내 아들을 살려준 은혜를 갚고자 하니 마음껏 즐기시오."

할아버지는 멋진 옷을 입고 처음 보는 맛난 음식들로 가득한 용궁 잔치에 참여하였습니다. 하지만 며칠이 지나자 그렇게 훌륭한 잔치도 시들해지고, 할머니가 보고 싶어 견딜 수가 없었습니다. 그것을 안 왕자님이 말했습니다.

"할아버지, 용왕님께서 보물을 하나 선물하실 터이니, 꼭 구슬을 달라고 하세요."

할아버지는 까닭도 모르고 왕자님이 시키는 대로 했습니다. 용왕은 구슬을 선물로 주며 말했습니다.

"이 구슬은 용궁에서도 하나밖에 없는 보물이오. 원하는 건 뭐든지 가질 수 있다오."

할아버지는 구슬을 받은 뒤 다시 거북의 등을 타고 집으로 돌아왔습니다.

"할멈, 이 구슬 좀 보구려. 원하는 건 뭐든지 들어준다오."

할아버지는 그동안 있었던 일을 모두 말하였습니다. 할머니는 좋아서 입이 벌어졌습니다.

"구슬아, 구슬아! 이 초가집 대신 멋진 기와집을 한 채 다오."

말을 마치자마자 정말 멋진 기와집이 한 채 생겼습니다. 할아버지와 할머니는 없는 게 없는 큰 부자가 되었습니다.

그런데 강 건너에 사는 욕심쟁이 할머니가 그 소문을 들었습니다.

"아이고, 아이고! 배 아파라. 그 구슬이 그 구슬이 내게 있다면……. 어디 좋은 수가 없을까?"

궁리에 궁리를 거듭하던 욕심쟁이 할머니는 방물장수로 꾸미고는 가짜 구슬을 가지고 할아버지가 사는 집을 찾아갔습니다.

"댁에도 이런 구슬이 있다면서요? 정말 같은가 한번 볼까요?"

착한 할머니는 아무 의심 없이 진짜 구슬을 보여주었습니다. 욕심쟁이 할머니는 비교하는 척하고 슬쩍 구슬을 바꿔치고 말았습니다. 구슬이 사라지자 기와집은 다시 초가집으로 바뀌고 그 많던 재산도 어디론가 사라졌습니다.

"아이고, 내가 속았구나! 이를 어쩌면 좋담?"

할머니는 분해서 땅을 치며 울고, 할아버지도 어이가 없어 말문이 막혔습니다.

그런데 할아버지와 할머니가 슬퍼하는 모습을 보고 개와 고양이가 어찌 할까 의논했습니다.

"야옹아, 우리가 구슬을 찾아드리자. 이제껏 우리를 자식처럼 돌봐주셨는데 이 기회에 은혜를 갚자."

개와 고양이는 욕심쟁이 할머니가 강 건너에 산다는 것을 알아냈습니다. 그래서 개는 고양이를 등에 태우고 강을 건넜습니다. 하지만 욕심쟁이 할머니는 구슬을 잃어버릴까봐 문을 꼭꼭 잠그고 있었습니다.

"좋은 방법이 없을까?"

구슬이 있는 방안에 들어가지 못하고 어슬렁거리던 개와 고양이는 곳간 옆을 지나다가 "찍찍" 하는 소리를 들었습니다. 그 소리를 들은 고양이는 쏜살같이 달려가 대장 쥐의 목덜미를 누르며 소리쳤습니다.

"대장을 살리고 싶으면 어서 가서 구슬을 찾아오너라!"

"목숨만 살려주세요! 명령하신 대로 구슬을 찾아오겠습니다."

쥐들은 재빨리 욕심쟁이 할머니의 방으로 들어가 구슬을 찾아왔습니다.

"그래, 이 구슬이 맞다."

고양이는 어깨를 으쓱하며 말했습니다. 그리고는 욕심쟁이 할머니가 눈치채지 않게 얼른 강을 건너기 시작했습니다. 강을 한참 건너오는데 개는 고양이가 구슬을 잘 가지고 있는지 걱정이 되었습니다.

"야옹아, 구슬 잘 가지고 있는 거지?"

하지만 고양이는 구슬을 입에 물고 있었기 때문에 대답을 할 수가 없었습니다. 그것도 모르고 조바심이 난 개는 다시 물었습니다.

"야옹이 너, 왜 대답을 안 하는 거야? 혹시 그 구슬을 혼자서 차지하려는 속셈 아냐?"

이쯤 되자 고양이는 구슬을 물고 있다는 사실을 깜빡 잊고 발끈 성을 내고 말았습니다.

"뭐라고?"

입을 열자마자 구슬은 강물 속에 퐁당 빠지고 말았습니다.

"아이고! 너 때문에 구슬을 빠뜨렸잖아?"

개는 어찌할 바를 모르고 강을 건넜습니다.

"야옹아, 나 때문에 구슬을 빠뜨려서 정말 미안해. 하지만 깊은 강물에 빠진 구슬을 어떡하겠니?"

개는 포기하고 그만 집으로 가자고 했습니다. 그렇지만 고양이는 너무나 아깝고 분해서 발길이 떨어지지 않았습니다. 저물도록 강가에 앉아 있는데 고기를 잡으러 갔던 어부들이 돌아오고 있었습니다.

"아니 웬 고양이가 강가에 나와 있담? 배가 고픈 게로구나. 옛다!"

어부는 고기를 많이 잡아 기분이 좋았던지 물고기 한 마리를 던져주었습니다. 마침 배가 고프던 참이라 고양이는 물고기를 냉큼 물었습니다.

"딱!"

"아얏! 이게 뭐야?"

뭔가 딱딱한 것이 이에 부딪히자 고양이는 물고기를 뱉었습니다. 그런데 그것은 바로 물 속에 빠뜨렸던 파란 구슬이었습니다. 그것이 물고기 뱃속에 들어 있지 뭡니까?

"구슬이다! 구슬을 다시 찾았다!"

고양이는 기뻐서 번개처럼 집으로 돌아왔습니다.

"아유, 우리 야옹이, 정말 기특하기도 하지."

할아버지와 할머니는 기뻐서 어쩔 줄을 몰랐습니다. 다시 부자가 된 할아버지와 할머니는 고양이를 더욱 예뻐해서 맛있는 음식도 많이 주고 집안에서 살도록 했습니다.

한편, 개는 밖에서 남은 음식을 먹으며 살게 되었습니다.

"흥, 멍청하긴! 그러니까 남은 밥이나 얻어먹고 사는 것을 다행인줄 알아라."

그 뒤로 개와 고양이는 서로 만나기만 하면 "야옹", "으르렁" 거리며 싸우는 사이가 되었답니다.

(인터넷 LG 전래 동화에서)

은혜 갚은 잉어

이 이야기의 전반부와 비슷한 이야기도 있습니다. 아마 교과서에 실렸던 것으로 기억되는데, 할아버지가 잉어를 살려주고 그에게 부탁을 하여 부자가 되었는데, 할머니가 지나치게 너무 많은 것을 요구하자 결국 원래대로 가난하게 되었다는 이야기입니다. 물론 이 이야기는 지나친 욕심을 경계하라는 것이었지요.

이 동화의 전반부는 잉어인 용왕의 아들이 자기를 살려준 할아버지에게 보답하기 위하여 용궁에 초대하고 보물 구슬을 줌으로써 은혜를 갚은 내용입니다.

그래서 두 이야기는 모두 잉어가 은혜를 갚는 내용인데요, 이런 종류의 설화는 범세계적으로 분포되어 있습니다. 특히 아시아 일대에는 많은 자료가 보고되고 있습니다. 그러니까 이런 종류의 이야기가 단순히 아이들에게 들려주기 위하여 심리적으로 이용한 동화로서 만들어진 것이 아니라는 점이 분명합니다.

중국 설화에서는 잉어 대신 자라나 거북이 많이 등장하여 생명을 구해주는 식으로 은혜를 갚고 있습니다. 몽골이나 일본의 이야기에는 뱀이 등장합니다. 우리나라에서는 잉어와 관련된 용궁이 등장하는 것이 대부분이며, 자라로 등장했을 때는 주인공이 그 은혜로 벼슬을 얻게 되는 것이 일반적입니다.

또 어부 대신 나그네가 잉어를 사서 놓아준다는 얘기도 있고, 보답으로 받은 물건도 구슬 말고 연적, 상자, 가락지 등으로 다양하지만, 모두 부귀를 가져다주는 보물이라는 데 공통점이 있습니다. 이것만 보더라도 우리나라의 민중들이 부귀나 벼슬을 원했다는 것을 알 수 있습니다.

그런가 하면 구해준 잉어가 용왕의 딸이어서 그 보답으로 용왕의 딸과 혼인하게 된다는 것도 있고, 주인공이 은혜를 받은 뒤에 그 후손들이 잉어를 먹지 않게 되었다는 특정 가문의 전설도 있으며, 보답으로 둑이나 강이 만들어졌다는 지명 유래 전설로 변한 것도 있습니다.

개와 고양이

우리가 읽은 이야기는 용궁에서 가져온 구슬을 잃어버려 개와 고양이가 그것을 다시 찾아온다는 내용이 후반부에 결합된 것입니다. 이처럼 보편적으로 퍼져 있는 설화에 왜 개와 고양이가 관련되어 전승되었는지 궁금합니다. 무슨 이유가 분명 있겠지요.

우선 이런 것을 생각해볼 수 있겠습니다. 필자가 경험한 것이지만, 전통적으로 개가 잠자거나 사는 곳은 마당가나 마루 밑아니면 따로 지어준 개집이었습니다. 요즘은 애완견이 있어서 개가 실내까지 들어올 수 있지만, 이전에는 절대로 방안에 개가들어올 수 없었습니다.

그런데 고양이는 이와 달랐습니다. 필자가 어릴 때 집에서 고양이를 길렀는데, 방안에서 고양이와 장난치고 놀았던 기억이있습니다. 가끔 자기가 잡은 쥐를 물고 방안에 들어오는 경우도있어서 깜짝 놀라기도 했지만 말입니다.

왜 개는 밖에서 기르고 고양이는 방에 들어와도 괜찮았는지그 이유를 아이들이 묻지 않았을까요? 인간에 의한 개와 고양이의 차별에 대하여 아이가 물었을 때, 앞에서 읽은 동화처럼 대답하지 않았을까 하는 것이 첫 번째 이유라고 생각됩니다.

다음은 고양이의 습성과 관계됩니다. 고양이는 우리가 생각하는 것보다 추위를 많이 탑니다. 방에 들어와서도 가장 따뜻한곳을 차지하거나 이불 속에 쏙 들어가 있습니다. 만약 방에 들어오지 못하게 하면 부엌으로 가서 부뚜막 위에 올라앉습니다. 부뚜막에 열기가 남아 있으니까요. 그래서 자연스레 고양이는 인간이 자는 방에까지 들어오려고 했던 것입니다.

또 고양이는 개에 비해 깨끗합니다. 세수도 합니다. 우리가 흔히 말하는 고양이 세수가 그것입니다. 또 털에 오물이 묻거나 때가 묻는 것을 아주 싫어합니다. 반면에 개는 지저분합니다. 아무 데서나 뒹굴고 털도 지저분하기 일쑤입니다. 따라서 고양이에게는 이처럼 깨끗한 습성이 있는데다가 곡식을 갉아먹는 쥐까지 잡기 때문에 사람들이 사랑하고 방에까지 들어오게 했는지도 모르겠습니다.

그런데 예전에는 민간에서 고양이를 주술로 이용하기도 했습니다. 남을 저주할 때 고양이의 다리나 간을 땅에 묻고 저주를 하면, 원한이 있는 사람의 다리나 간에 병이 생겨 죽게 된다고 생각하였습니다. 또 도둑질한 범인을 찾거나 보복하려는 범인의 점을 칠 때도 고양이를 이용하였는데, 절에서 얻어온 기름을 고양이에게 칠하여 산 채로 태우면 범인이 불구자가 된다는 이야기도 있고, 고양이를 항아리 속에 넣고 불에 달구면서 범인 이름을 주문으로 외다가 쬠 항아리를 열어주면, 고양이가 범인 집으로 달려가다가 죽게 되는데, 그때 범인도 죽는다는 이야기도 있습니다. 또 경상도 지방에서는 고양이를 죽이거나 해치면 언젠가 보복을 한다는 이야기도 전해오고 있습니다.

이 이야기를 종합해보면, 고양이는 보통의 동물과 다른 어떤 신비한 힘이나 영혼을 가진 것으로 인식됩니다. 그래서 상대적으로 멍청한 개와 구별이 되는 것 같습니다. 어쩌면 집안의 수호자 역할을 했는지도 모릅니다. 꼭 그런 것인지 몰라도 민화나 옛 그림에 개보다 고양이가 많이 등장합니다. 민화는 그림 자체의 감상을 위해서가 아니라, 부귀와 장수를 빌고 액을 물리치려는 주술적 성격이 강한 그림이거든요. 아마도 고양이를 이런 주술적 요소와 관계가 깊은 동물로 여긴 듯합니다.

그런데 고양이와 개는 외관만큼이나 습성도 다릅니다. 개는 주인이나 아이들이 자기를 좋아하면 즉각 꼬리를 흔들며 좋아하는 반응을 나타냅니다. 사람과 가까이 지내며 시끌벅적 장난치는 것도 꽤 좋아합니다. 반면에 고양이는 만지거나 장난을 치면 도망가 멀찌감치 떨어져 있습니다. 조용히 혼자 있기를 좋아하고요. 장난 칠 때는 주로 사냥한 쥐를 갖고 놀 때입니다. 그러나 사람을 싫어하는 것은 아닙니다. 추울 때 이불 속에서 쓰다듬어주면 얌전히 앉아 있고요, 사람의 품속에서 잠을 자기도 합니다. 필자는 고양이도 코를 곤다는 사실을 그때 알았습니다.

어떤 면에서 고양이는 고고합니다. 사람에게 잘 보이기 위해서 개처럼 아양을 떤다든지 장난을 걸어오지는 않습니다. 주인이 원하면 언제든지 달려오는 개와는 달리 고양이는 자기가 원할 때만 사람 곁에 다가옵니다. 그래서 지조와 절개를 중시하던 우리의 선조들이 개보다 고양이를 더 사랑해서 방에까지 들어오게 했는지도 모르겠습니다.

보은(報恩)

우리가 앞에서 읽은 이 이야기는 오래 전에 초등학교 저학년 교과서에 실렸습니다. 초등학생의 입장에서 볼 때 주제가 애매해서인지 얼마 뒤 교과서에서는 사라졌습니다. 역시 표면적인 주제를 찾기가 쉽지 않은 이야기입니다.

이야기의 전반부는 은혜를 갚는다는 보은(報恩) 사상이 핵심을 이루고 있습니다. 아마도 옛날에는 민간 신앙과 미신과 주술적인 것이 혼재한 풍습 속에서 어떻게 하면 복을 받을 수 있을까 하는 것이 세인들의 관심사가 아니었을까요?

이러한 염원이 불교의 방생(放生) 의식과 결합하여 이 같은 민담이 만들어졌을 것이라고 생각합니다만, 오늘날처럼 로또복권이 없기 때문에 당시 사람들로서는 용왕의 요술 구슬인 여의주라도 얻어서 부귀와 영화를 누리고자 했을 것입니다. 그러나 그것도 거저 얻어지는 것이 아니라, 생명에 대한 자비를 베풀어 줌으로써 얻어지는 결과로 보았던 것입니다. 이 역시 동양적 사고와 밀접한 관계를 맺고 있습니다. 흔한 서양 동화처럼 어떤 괴물이나 적을 대항해 싸워서 쟁취한 부귀가 아니라, 생명을 귀히 여기는 덕과 선행의 결과로 얻어진다는 것 말입니다. 홍부가 제비 다리를 고쳐주고 부자가 되는 것도 이와 똑같은 구도입니다.

혹자는 이것이 너무 소극적인데다 아동들의 진취성을 말살하기 때문에 교육적으로 별로 바람직하지 않은 동화라고 생각할 수도 있습니다. 약육강식의 생존 경쟁을 제일로 아는 시대에는 분명히 그런 생각을 했을 것입니다. 그러나 생명을 사랑하는 인간의 성품은, 인간의 이익만을 위해서 무슨 짓이든 하는 그런 종류의 저급한 문화와는 비교가 되지 않을 정도로 고귀하고 숭고합니다.

그리고 후반부에 가면, 강 건너 마을의 욕심쟁이 할머니가 구슬을 훔쳐갔을 때 개와 고양이가 찾으러 나가는데, 이는 키워주고 돌봐준 할아버지와 할머니께 은혜를 갚기 위해서입니다. "야옹아, 우리가 구슬을 찾아드리자. 이제껏 우리를 자식처럼 돌봐주셨는데 이 기회에 은혜를 갚자." 이 말에서 그것을 확인할 수 있습니다. 그래서 이 이야기의 표면적 주제는 보은이라고 생각할 수 있습니다.

개와 고양이는 누구인가?

그런데 이 이야기의 주제를 보은이라고 보기에는 너무 내용이 드라마틱합니다. 전반부의 이야기만 가지고도 충분히 보은이라는 주제를 표현할 수 있습니다. 그러나 개와 고양이도 분명히 주인의 은혜를 입었지만, 끝에 가서 서로의 길이 갈립니다.

여기서 개와 고양이의 역할을 중심으로 분석해봅시다. 얼핏보면 고양이가 구슬을 다시 찾는 데 수훈을 세운 것으로 되어 있습니다. 개는 구슬을 다시 잃어버리는 데 원인을 제공합니다. 그래서 개는 고양이보다 못한 대우를 받습니다. 또 고양이는 강건너 욕심쟁이 할머니 집에 가서 쥐를 협박해 구슬을 되찾게 하고, 또 개 때문에 놓친 구슬을 되찾아옵니다. 고양이가 그렇게한 것은 자신이 쥐를 잡을 수 있는 재주와, 우연한 기회에 생선을 먹다가 구슬을 찾은 덕분입니다.

우리는 고양이가 구슬을 되찾은 공이 너무 크기 때문에 개의 공을 놓치기 쉽습니다. 개도 나름대로 노력을 했습니다. 고양이를 등에 태우고 강을 두 번이나 건넜기 때문입니다. 개의 이러한 노력이 없었다면 결코 구슬을 되찾을 수 없었을 것입니다. 이야기에 나오는 주인은 과정을 무시하고 결과만 가지고 대우를 다르게 하고 있습니다.

이러한 문제를 우리 인간사에 적용할 수 있습니다. 가령 임진

왜란 때 목숨을 걸고 죽어간 무신들이나 병졸들이 참 많았습니다. 문신들이나, 임금을 옆에서 모신 내관들도 노력은 했지만, 무신들이 목숨을 걸고 싸운 것에 비한다면 그다지 크지 않습니다. 그러나 정작 전쟁이 끝나자 공을 많이 세운 무신들은 이등 공신이나 삼등 공신으로 밀려나고, 오히려 목숨 바쳐 싸우지도 않은 내관이나 문신들을 일등 공신으로 봉하는 경우가 있었습니다. 이러한 일은 나라의 변란을 막거나 반란을 진압하는 과정이나 반정(反正)에서도 자주 나타납니다. 그래서 지배층의 중심에 있던 신하들 사이에 반목이 끊이지 않았던 것도 바로 이 때문이었습니다. 마치 개와 고양이가 서로 다투듯 말입니다. 그런 모습을 보고 사회적 약자의 입장에 있던 민중들은 이들을 개와 고양이로 빗대어 이런 이야기로 만들어 전승시켰는지도 모르겠습니다.

또 하나의 예는 가족 사이에서 발생할 수 있는 문제입니다. 가족이 노력해서 큰 재산을 모았는데, 나중에 부모님이 돌아가시면서 재산을 물려줄 때 부모님 기준에 의하여 큰아들이나 아니면 특정한 아들에게 재산을 더 많이 물려 줄 경우 이러한 문제가 생깁니다.

여기서 흔히 보이는 자식들에 대한 차별 가운데 하나를 소개해보지요. 우리나라의 역사를 통해 보면 대개 큰아들에게 부모들이 기대를 크게 갖습니다. 그래서 공부도 더 많이 시키고 해달라는 것도 잘 들어주었습니다. 살림이 넉넉하다면 그럴 리가 없겠지만, 가난할 경우에는 대개 큰아들만 공부를 시키고 그 이하 자식들은 공부를 더 시키지 못하는 경우가 많았습니다. 부모들은 그런 생각을 하지요. 큰아들이 잘 되면 동생들을 다 돌볼 것이라고 말입니다. 그러나 큰아들이 정작 성공을 했다 하더라도 동생들을 잘 돌보는 경우는 흔치 않습니다. 그래서 그것이 결국 형제 간의 갈등으로 이어지는 것이죠. 이런 것은 영화나 드라마의 소재로도 많이 등장하였습니다. 요즘에도 일어나고 있는 문제이고요. 그러니까 이 동화도 특정한 자식의 잘난 행동과 그렇지 못한 형제 간의 갈등을 나타낸 이야기라고 할 수 있습니다.

가족끼리는 이해 득실보다 화합이 먼저

만약 이 이야기를 가족 내분의 문제로 생각해본다면 주제는 의외로 간단하게 생각해볼 수 있습니다. 앞에서 할아버지와 할머니는 자식이 없었기 때문에 고양이를 마치 자식처럼 귀여워하며 오순도순 살았다고 했습니다. 마치 가족처럼 말입니다. 아마 할아버지와 할머니가 개와 고양이를 생각하는 것은, 오늘날 사람들이 애완견을 데리고 한가족 이상으로 같이 생활하는 것을 생각하면 이해가 쉬울 것입니다.

그렇게 가족처럼 지내던 관계가 서로 원수와 다름없는 관계로 변해버립니다. 무엇 때문입니까? 구슬을 되찾아 부자가 되고 난 이후부터가 아닙니까? 만약 구슬이 없어서 비록 가난했더라도 할아버지와 할머니는 개와 고양이와 함께 오순도순 잘 살았을 것입니다.

그러나 이제 더 이상 평화는 없습니다. 할아버지와 할머니는 개보다 고양이만을 더 사랑할 것이고, 또 누가 구슬을 훔쳐가지 않나 하는 걱정거리가 생겼기 때문입니다. 고양이는 언제나 개를 경계해야 합니다. 틈만 나면 자기를 시샘해서 해칠지 모르기 때문입니다. 이제 이들은 이전의 가족 관계는 아닙니다.

이런 문제는 인간 세상에 그대로 적용됩니다. 특히 우리나라 재벌가의 상속 다툼을 보면 알 수 있습니다. 이들이 큰 기업으로 성장하기 위해서는 모두 열심히 노력했을 것입니다. 후계자가 되는 후보들 가운데 어떤 이는 고양이처럼 큰 이익을 남겼을 것이고, 또 어떤 이는 손실을 보았을 것입니다. 이런 것들이 재벌가의 이른바 '왕회장'의 입장에서는 경영 능력으로 평가되었겠지요. '왕회장'이 죽자 경영권이나 상속권 다툼이 심심찮게 신문이나 텔레비전 화면을 장식합니다. 이른바 현대판 '왕자의 난'이나 '형제의 난'이라 불리며 형제끼리의 싸움이 세인의 이목을 끕니다. 게다가 경영권과 비자금을 둘러싸고 형제끼리 이전투구를 벌이는 바람에 기업의 이미지는 물론이고 세계적으로 집안 망신을 톡톡히 당하는 기업인들도 있습니다. 이렇듯 유산이 많으면 형제끼리의 화합이 깨어집니다.

사실 재산이 많은 사람들은 그것이 많기 때문에 또는 관심의 대상이 되기 때문에 언론에 오르내리는 것 같지만, 언론에 오르내릴 정도로 유명하지 않은 일반인의 경우도 똑같은 양상을 보이고 있습니다. 여러분 주위를 둘러보십시오. 부모가 재산을 남기고 죽으면 그 유산을 놓고 형제끼리 눈에 보이지 않는 알력이 생기고, 급기야는 형제의 연을 끊고 사는 이들도 있습니다. 이 경우 유산을 남기지 않는 편이 오히려 후손들의 화합을 위한 길인지도 모르겠습니다.

3

가 족

국어사전에 보면 '가족'을 '부부와 같이 혼인으로 맺어지거나, 부모·자식과 같이 혈연으로 맺어진 집단 또는 그 구성원'이라고 풀이해놓았습니다. 사실 가족(家族)이란 말은 영어의 'family'의 일본식 번역어입니다. 한자 가(家)는 원래 중국 고대에 대부(大夫)가 다스리던 나라를 일컫는 말로, 그 구성원에는 처와 자식, 신하나 식객(食客), 심지어 노비까지도 포함되었습니다.『관자』라는 책에 '가족(家族)'이란 말이 보이는데 가(家)에 속한 사람의 뜻으로 쓰이고 있습니다. 오늘날과 같은 가족의 의미는 아닙니다.

우리나라에서는 가문이니 가솔(家率) 또는 식솔(食率)이라는 말을 많이 썼으나, 오늘날의 가족이라는 말과 딱 일치하지는 않습니다. 가솔이라 하면 자신의 아내나 자식 외에 하인까지도 포함되기 때문입니다. 또 가문이라고 할 때는 오늘날보다 범위가 더 넓어집니다.

가족이라는 말을 철학적으로 살펴보면 동일한 혈통, 혼인, 공동의 자손 등을 토대로 형성된 생활 공동체로, 이 생활 공동체가 갖는 그때 그때의 특수한 성격은 역사적으로 변천해온 소유 관계와 혼인 형태에 의해 결정됩니다. 이러한 설명은 가족 제도나 가족의 성격이 변해왔다는 것을 말해줍니다. 그러니까 오늘날과 같은 가족 제도를 영원 불변한 것으로 생각해서는 안 된다는 것입니다.

서양에서의 '가족'이란 말은 고대 로마의 법사상에서 유래한 것으로, 노예 소유자 사회에서 노예주(가부장)가 거느린 집단을 말합니다. 이 노예주는 부인과 자녀들, 다수의 노예들을 로마의 가부장적 권력 아래에서 거느렸으며 그들에 대한 생사여탈권도 쥐고 있었습니다. 이것이 오늘날에 와서 남편과 부인, 부모와 자식으로 이루어진 혈연적인 모든 단위 그리고 넓은 의미에서 친족 관계 전체를 가족이라고 부르게 된 것입니다.

가족은 역사적 산물입니다. 물건을 생산하는 방식이나 사회 관계가 변하고 발전함에 따라 같이 변천해왔습니다. 오늘날과 같이 일부일처제, 곧 한 명의 남자와 한 명의 여자가 혼인해서 하나의 가정을 만드는 것이 불변의 법칙이 아니라는 것입니다.

가족의 변천

서양 학자들에 의하면 인류 역사상 세 가지 주된 가족 형태가 등장했다고 합니다. 군혼(群婚) 가족, 대우혼(對偶婚) 가족, 일부일처(一夫一妻) 가족이 그것입니다. 대우혼 가족의 끝에 와서 일부다처제의 가족이 있었고요.

사회 현상으로서의 가족은 원시 사회에서 출현했다고 합니다. 남자의 전체 집단과 여자의 전체 집단이 서로 관계를 갖는 상태를 군혼이라고 합니다. 아이들은 자기의 아버지를 알 수 없었으며 어머니의 가장 가까운 친척들의 모임으로 이루어지는 모계에 속하였습니다.

군혼의 시기가 오래되면서 남자는 많은 아내들 가운데서 본아내(아직 본처라고 말할 수는 없음)를 가지고 있었으며 또 여자로서도 그가 여러 남편들 가운데 본 남편이 있었다고 합니다. 이러한 관계를 대우혼이라고 합니다. 대우혼은 한 남자와 한 여자가 함께 생활합니다. 그렇다고 그 혼인이 끈끈한 정도가 아니며 헤어지면 그뿐입니다.

이 대우혼 가족은 그 자체가 아직 극히 미약하고 견고하지 못하기 때문에 독자적인 세대를 가질 것을 요구한다거나 심지어 그렇게 할 생각조차 하지 못했습니다. 자녀들은 종전대로 어머니에게만 속했습니다.

대우혼 말기에 와서 남자에게는 계속해서 일부다처제의 권리가 있었습니다. 그러나 경제적 이유 때문에 그리 흔한 것은 아니었습니다. 그리고는 여자에 대해서는 같이 사는 동안 정조를 엄격히 지킬 것을 요구하였으며, 그것을 어길 경우 잔인한 처벌을 가했습니다.

일처일부제

서양에서는 사유 재산이 확립되면서 일부일처제가 생겼다고 합니다. 그것은 가장인 남편의 손에 거대한 재산이 모인 것으로부터, 그리고 재산을 오직 그의 자녀들 내지는 가장 가까운 친척에게만 상속하려는 관심으로부터 생겨났다고 합니다.

일부일처제의 혼인 제도가 확립되었다고 해서 언제나 한 남자와 한 여자만의 사랑이 지속되는 것이라고 생각하면 오산입니다. 재산권이나 가부장의 권력 상속과 관련해서 일부일처제가 필요했지만, 실질적인 생활은 그것과 거리가 먼 경우가 많았습니다. 많은 문화권에서 실질적으로 일부다처제와 같은 형식의 혼인 제도가 많았습니다. 가령 고대 왕들의 경우를 보면 많은 후궁(첩)을 두었으며 귀족들도 첩을 두는 경우가 많았습니다. 심지어 오늘날 일부 문화권에는 아직도 여러 명의 아내를 거느리는 남자도 있습니다.

필자가 여기서 말하고자 하는 것은 일부일처제가 확립되었다고 해서 남녀가 평등한 권리를 갖고 있다거나, 죽을 때가지 한 여자와 한 남자가 서로 사랑한다는 것을 의미하지 않는다는 점입니다.

우선 과거에는 일부일처제를 채택하고 있어도 경제적 지위나 재산권은 가부장인 남편이 여전히 갖고 있었고, 여성은 아무런 지위나 권리도 없었다는 점입니다. 오늘날 우리나라의 경우 이러한 여성의 지위가 어느 정도 향상되어 가족 안에서의 지위나 경제적 권리를 일정 부분 인정하고 있는데, 이것은 남녀가 명실공히 동등한 방향으로 나아가는 좋은 현상이라고 보겠습니다. 가령 여성이 직업 없이 집에서 가사에만 전념했어도 후에 이혼할 경우 가족의 재산에 대해 일정 부분 여성의 권리를 인정하는 것 등이 그것입니다. 남편이 재산을 모으는 데 아내인 여성이 일정 부분 기여했기 때문입니다. 만약 여성의 사회 참여가 높아 남녀 관계가 역전되면 반대의 현상도 생기겠지요.

일부일처제라고 하여 남녀가 성적인 관계에서 항상 평등하다고 착각하는 사람은 없겠지요? 역사적으로 보면 일부일처제라는 것이 사실상 여성을 집안에 묶어두고 남자들의 성적 자유를 마음껏 보장해주는 제도라는 것입니다. 만약 남자인 당신이 충분한 경제적 여유만 있다면 말입니다. 과거의 공창 제도나 창녀촌이 그것을 말해주었습니다. 그러다가 자신의 부인에 대한 부정은 절대로 용납하지 못하는 이중성을 갖게 되지요.

이제 일부 여자들도 이러한 일부일처제의 허구성에 대하여 눈을 뜬 것 같습니다. 그래서 여성 단체가 앞장서 창녀촌을 없애자는 운동을 벌이고 이에 국가도 법과 정책으로 지원하고 있습니다. 그러나 수요가 있으면 언제나 공급도 있는 법이므로, 창녀촌이 없어졌다고 해서 창녀가 없어지지는 않겠지요. 다만 창녀의 몸값이 더 올라가든지, 아니면 비밀리에 어딘가에서 몸을 사고파는 일이 이루어지고 있겠지요.

이러한 것과 반대로 남성과 똑같아지려는 여성들도 더러 있습니다. 여자라고 해서 남자처럼 바람을 피우지 말라는 법도 없고, 굳이 혼인까지 해가면서 남성에게 억압당할 필요도 없다고 생각하는 여성들이 늘고 있습니다. 이른바 '연애는 필수, 혼인은 선택'이라는 입장입니다. 이러한 것은 여성의 사회적 또는 경제적 지위 향상과 관계됩니다.

과거에는 경제적 지위가 남성에게만 있었으므로, 여성이 장성하면 어딘가에서 몸을 의탁해 살 수밖에 없었습니다. 그러니까 어떻게 해서든 혼인해서 아이를 낳고 남편에게 의지를 해야 했습니다. 그러나 여성의 지위가 높아지면 그런 것이 필수가 아니겠지요.

그러니까 혼인 제도나 가족 관계 등이 남녀의 경제적 지위나 역할에 따라 변해왔고, 앞으로도 변할 수밖에 없다는 것입니다. 앞으로 남녀 관계와 가족 제도는 어떻게 변할까요?

혼인 제도의 다양성

남녀의 많고 적음이 각 나라마다 다른 것이니, 여자가 많고 남자가 적으면 한 남자에게 처와 첩이 있고, 남자가 많고 여자가 적으면 두세 사람의 남자가 한 여자를 데리고 산다. 남녀가 서로 반씩 되면 한 남자와 한 여자가 혼인하여 살게 된다. 이렇게 되는 것은 형세에 따라 참으로 그렇게 되는 것이다. 이것으로 미루어본다면 나라마다 풍속이 다른 것은 환경에 따라 그런 경우가 많다. 생각이 여기에 미치지 못하면 자기들과 다른 남의 풍속을 서로 비웃고 꾸짖게 된다. 처지가 바뀌면 다 마찬가지일 것이다. 어찌 자기 것만 옳고 남의 것을 잘못되었다고 할 수 있겠는가? 남녀가 혼인 전에 다른 여자나 남자를 사귀거나 사귀지 않는 것도 각각 그 풍속이 귀히 여기느냐 천하게 여기느냐에 달려 있는 것이다.

다소 공상적인 성격이 강하지만, 위의 말은 조선 철학사에서 볼 때 아주 유명한 말입니다. 어려운 말로 문화의 다양성과 윤리의 상대성을 긍정하는 말입니다. 조선조의 대다수 유학자들이나 중국 사람들은 유교 문화권이 아닌 나라 사람들을 모두 오랑캐로 여겼습니다. 이같이 대담한 말을 한 조선말 철학자 최한기가 살았던 당시는 남녀의 구별이 엄격하였고, 한 남자가 여러 여자를 거느리고 살 수는 있어도 여러 남자가 한 여자를 데리고 사는 경우는 상상도 못할 때입니다. 그것은 보수적인 가치관을 가진 오늘날의 사람들도 용납하지 못하는 일입니다. 그에 비해 이런 말을 한다는 것은 오늘날 진보적인 사람이나 문화의 다양성을 옹호하는 사람만이 겨우 인정할 수 있는 말입니다. 심지어 혼인 전 순결 문제를 다만 문화적 관점에서 이해하는 것은 오늘날 개방적인 선진국에서나 가능한 일입니다. 너무나 시대를 앞서가고 있는 것을 알 수 있습니다.

가족 중시

가족을 중시하는 것은 어느 사상이나 종교에도 다 있지만, 유독 유교만큼 그것을 중요시하는 종교나 사상은 없는 듯합니다. 불교가 가족 관계를 중시하지 않는 것은 아니지만, 불교의 궁극적 세계관이 현실의 가족 관계나 사회적 가치를 영원 불변하는 것으로 보지 않기 때문에, 그 자체가 목적이 될 수는 없습니다. 기독교 역시 하느님 앞에서는 모두 형제자매이므로 불교와 마찬가지로 현실적 가족 관계가 주된 목적이 아닙니다. 노자와 장자 사상 역시 개인의 세속적 가치관의 초월과 정신적 자유를 추구하므로 현실적인 제도나 가족 관계에 얽매이지 않습니다.

일찍이 공자는 '임금은 임금답고 신하는 신하다우며 아비는 아비답고 자식은 자식다워야 한다'고 말한 적이 있는데, 국가와 가족 관계가 모두 언급되고 있습니다. 유교는 지극히 현실적인 종교이자 사상이기 때문에 국가와 사회와 가족이 언제나 문제가 되고 있는 것이지요.

오교(五敎)

이전에 오륜을 말하니까 88올림픽 때 '오륜기'를 생각하는 사람도 있고, 승용차의 바퀴를 생각하는 사람도 있었다고 합니다. 스페어타이어까지 합하면 다섯 개니까요. 그러나 유교에서 말하는 오륜(五倫)은 다섯 가지 윤리를 말합니다. 이『전래 동화 속의 철학』시리즈 2권에서 오류에 대해 말했습니다만, 다시 한 번 되풀이하고자 합니다.

유교적 사회에서는 크게 오륜을 가지고 사회 질서를 유지하였습니다. 오륜의 원조가 되는 것에는 『좌전(左傳)』의 오교(五敎)인데, 아버지는 의로우며[父義], 어머니는 자애롭고[母慈], 형은 우애가 있으며[兄友], 동생은 공손하고[弟恭], 자식은 효도한다[子孝]는 것입니다. 『논어』에도 자식과 부모, 임금과 신하, 친구 사이의 관계를 말한 것도 있습니다.

오륜은 『맹자』에 처음 나오는데, '부모와 자식 사이에는 친함이 있어야 한다[부자유친 : 父子有親]', '임금과 신하 사이에는 의로움이 있어야 한다[군신유의 : 君臣有義]', '부부 사이에는 구별이 있어야 한다[부부유별 : 夫婦有別]', '어른과 아이 사이에는 순서가 있어야 한다[장유유서 : 長幼有序]', '친구 사이에는 믿음이 있어야 한다[붕우유신 : 朋友有信]'가 그것입니다.

우리는 여기서 '오륜'보다 '오교'가 가족 간의 관계에 대해서 더 자세히 말하고 있는 것을 알 수 있습니다. 그러니까 오교와 오륜의 관계를 면밀히 음미해본다면, 오교를 더 확대해 오륜으로 발전시켰다는 것을 알 수 있습니다. 그러니까 국가나 사회의 윤리가 가족 윤리에서 나온 것임을 알 수 있고요, 거꾸로 말하면 가족 윤리를 국가나 사회에 확대하여 적용시켰다고 해석할 수 있습니다.

엄부자모

한 가족 사이의 윤리를 말한다면 오교만으로 충분합니다.

먼저 아버지는 '의로워야 한다'를 살펴봅시다. 가족 제도의 역사를 살펴보면 예전에는 아버지가 한 집안의 가장으로서 가정을 대표하고 가정에 대한 모든 권한을 가지고 있었던 때가 있었습니다. 요즘에도 여전히 그런 가정이 있지만요. 어쨌든 이 경우 아버지는 정의롭게 행동해야 합니다. 어떤 특정한 자식이나 하인을 편들어서는 안 됩니다. 가족 구성원 누구에게 편애를 해서는 안 된다는 것입니다. 가족을 위해 노력한 사람과 가족의 명예를 훼손한 사람에 대하여 칭찬과 질책은 있어야 하겠지만, 가족의 친밀감이나 유대감을 깨서는 안 된다는 것입니다. 바로 앞에서 읽은 「개와 고양이」에서처럼 화합이 깨져서는 안 된다는 말입니다. 그래서 아버지는 가족 내에서 정의롭게 상과 벌을 분명히 하고 치우치지 않게 가정의 일을 집행하는 것입니다.

한편, 아버지는 정의로워야 한다는 것은 가족 안의 일뿐만 아니라 사회적 책임까지고 묻고 있는 것입니다. 그래서 유교적 사회에서 사대부들은 자신이 관직에 나가든 안 나가든, 국가나 사회의 일에 관심을 가지며 비판과 협조를 아끼지 않았습니다. 그래서 흔히 '남자는 집안 바깥의 일, 여자는 집안의 일'을 맡아했지요. 그 때문에 남편과 아내를 '내외(內外)'라고 부른답니다.

그리고 어머니는 '자애로워야 한다'는 것은 어머니로서 자식들에게 자애롭게 행동해야 한다는 것입니다. 요즘은 아버지가 직장 일로 바쁘니까 어머니가 집안 일을 도맡아하면서 아이들 교육까지 책임을 지는 등 아버지 역할까지 합니다. 상과 벌을 분명히 하는 역할을 아버지보다 어머니가 주로 하게 됩니다. 그래서 요즘 아이들은 아버지보다 어머니를 더 무서워하는 추세입니다. 어머니가 아버지 역할까지 떠맡고 있는 셈이지요. 필자가 초등학교 담임을 맡고 있다보니 이런 것을 수시로 체감할 수 있습니다. 아이들은 대체로 자신들의 비리(?)를 어머니께 알리는 것을 가장 무서워한답니다.

여기서 중요한 교육적 원리가 적용됩니다. 엄한 아버지, 또는 그 역할을 대신하는 어머니, 다시 말해 정의로운 부모 밑에서 자란 아이는 사회에 대한 정의감이 투철합니다. 만약 그렇지 못하더라도 사회적 질서와 규율을 잘 지킵니다. 만약 이 당시 부모가 정의롭지 않고, 약삭빠르거나 눈앞에 보이는 이익이나 한 몸의 편안함을 추구하는 모습을 보이면, 아이들은 그런 영향을 받게 됩니다. 요즘 초등학교 아이들을 보면 자기 자리 밑의 쓰레기는 고사하고 자신이 버린 휴지조각조차 주우려고 하지 않습니다. 자신이 맡은 곳의 청소를 잘한다는 것은 이제 참으로 보기 드문 현상이 되어버렸습니다. 이런 데에는 여러 원인이 있겠지만, 그 가운데서도 이 같은 가정 교육의 영향이 제일 크겠지요.

오늘날과 다르게 예전에는 엄한 역할은 아버지가 맡고 어머니는 따뜻하고 자애롭게 대했습니다. 이것이 엄부자모(嚴父慈母), 곧 엄격한 아버지와 자애로운 어머니의 역할이었습니다. 물론 필자가 어릴 때도 그랬습니다. 제일 무서운 사람이 아버지였으니까요.

형우제공

형제 사이의 도리를 '형우제공(兄友弟恭)'이라고 하는데, 형은 동생에게 우애(友愛)로 대하고 동생은 형에게 공손하게 대하라고 한 것입니다. 일방적으로 형이 동생에게 잘하라고 하거나, 아니면 동생더러 무조건 형에게 복종하라는 말이 아닙니다. 형은 동생을 자식을 대하듯 잘 보살피고, 동생은 형을 부모 대하듯 잘 모시라는 것입니다. 무슨 말인지 이해가 잘 안 되지요?

이전에는 자식들을 많이 낳는 것이 미덕이었습니다. 유아 사망률도 높았고, 또 많은 노동력이 필요했기 때문입니다. 오죽하면 제 먹을 것을 갖고 태어나니까 자식을 많이 낳으라고 말했겠습니까? 이렇게 계속 낳다보면 중간에 죽는 아이도 있어서 큰아들이나 작은아들의 나이 차이가 많이 나게 됩니다. 그래서 형이라기보다 아버지 같은 위치에 있게 됩니다. 심지어 조카보다 나이가 적은 사람도 수두룩합니다. 사실 필자의 여동생도 큰조카보다 나이가 적습니다. 이렇다보니 부모님은 나이 들어 일찍 돌아가시고 어린 동생만 남게 되는 경우가 허다합니다. 그래서 부모처럼 동생을 돌보라는 말이 성립이 된 거지요.

반면에 세월이 점차 흘러 형이 부모처럼 늙게 되면 동생은 자라서 청년이 됩니다. 형이 동생을 돌보았으니 이제는 동생이 형을 부모님처럼 모셔야 합니다. 물론 꼭 이렇게 할 때만 형을 공경하고 동생을 보살피라는 말은 아닙니다. 이러한 배경이 있다는 것을 말씀드리는 것이지요.

부자자효

오교 가운데 마지막은 자식의 효도입니다. 굳이 여러 문헌에 있는 말을 조사하지 않더라도 유교 사상의 핵심 가운데 하나가 효도입니다. 그런데 많은 사람들이 유교가 마치 일방적으로 아랫사람에게 효도나 공경이나 충성만 강요하는 힘있는 지배자의 윤리인 양 오해하는 사람들이 많은 것 같습니다. 심리학적으로 볼 때 그렇게 강요한다고 되는 일도 아니면서 말입니다.

오교에 '아버지는 의로워야 하고 어머니는 자애로워야 한다'는 말 이외에 『효경』이라는 책에는 부자자효(父慈子孝), 곧 '아버지는 자애로워야 하고 자식은 효도해야 한다'는 말도 있습니다. 이것만 보더라도 일방적으로 자식에게 효도를 강요하는 것이 아님을 알 수 있습니다. 심리학적으로 보면 서로가 잘 해야 이러한 것이 이루어지는 것입니다.

따라서 인간의 심리상 아무리 좋은 일도 억지로 하라고 해서 되는 것은 아닙니다. 서로 간의 경험을 통한 감정에서 우러나와야 가능한 일이지요. 부모와 자식, 형이나 동생이 서로 따뜻함을 느끼지 못한다면 그렇게 하는 것이 어색한 일이겠지요.

필자는 부모와 자식 사이나 형과 동생 사이의 관계도 우선적으로 부모나 형 되는 사람들이 아랫사람에게 먼저 베풀어야 한다고 생각합니다. 왜냐하면, 뒤늦게 철이 들어 효도가 귀한 줄 알고 해보려고 하면, 이미 효도를 받아야 할 부모님은 대개 안 계시기 때문이며, 부모와 형제의 진정한 사랑을 맛보지 않은 사람들은 부모님이나 형님이 살아 계셔도 효도나 공경이 마음으로부터 쉽게 우러나오지 않기 때문입니다. 다행히 그 잘못을 깨닫고 효도하고 공경하려고 할 때는 이미 늦게 된다는 것입니다.

그래서 부모님의 자애로움과 형의 우애가 자식의 효도나 동생의 공경보다 먼저 있어야 효도와 공경이 가능하다고 봅니다. 자애로움과 우애가 없는 경우에도 효도나 공경이 가능하나 시기상 늦어지거나 안 될 수도 있다는 것입니다.

부부자자

자식을 낳았다고 다 참다운 부모가 되는 것은 아닙니다. 부모 노릇을 하는 것은 쉽지 않습니다. 반면에 자식으로 태어났다고 다 올바른 자식은 아닙니다. 자식 노릇하기도 쉽지 않습니다.

『논어』에 '군군신신부부자자(君君臣臣父父子子)'라는 말이 나오는데요, 여기서 '부부자자'를 해석하면 어떤 말이 될까요? 한자 뜻 그대로 이어보면 '아비·아비·아들·아들'이 되겠는데요, 보통 '아비는 아비답고 자식은 자식답다'로 해석됩니다. 그러니까 앞뒤의 문장과 의미를 연결하여 요즘 말로 바꾸면, '부모는 부모답고 자식은 자식다워야 한다'는 뜻입니다.

그러면 어떤 것이 부모답고 어떤 것이 자식다우냐고 묻는다면 역시 앞의 '오교'나 『효경』에서 언급한 것처럼, 의롭고 자애로운 것이 부모다운 것이며 효도하고 공경하는 것이 자식다운 일일 것입니다. 그러면 이렇게 말한다고 충분합니까? 아니 여전히 문제는 남습니다. 어떻게 하는 것이 의롭고 자애로운지, 효도하는 행동이란 무엇인지 명확하지 않기 때문입니다. 어려운 말로 말하면 형식만 있지 내용이 없기 때문입니다. 가령 '네 이웃을 사랑하라'고 했을 때처럼 구체적으로 어떻게 하는 것이 사랑인지 잘 알지 못하는 사람에게는 공허한 말이 될 뿐입니다.

자식 노릇, 부모 노릇도 배워야

그래서 부모답게 되고 자식답게 되는 것은 배워야 하는 것입니다. 아는 사람의 입장에서 말할 때는 가르쳐야 한다는 것입니다. 국가가 앞장서서 교육을 시키지만, 그것을 받아들이는 개인의 입장에서는 적극적으로 배워야 하는 것입니다. 이전에도 그랬고 요즘도 그렇지만, 많은 젊은이들이 혼인하여 아이를 낳습니다. 대부분 이들은 어떻게 하는 것이 부모 노릇 잘하는 것인지 배우지 않고 자식을 길렀습니다. 자신들의 상식대로 말입니다. 그러나 교양 있고 전통 있는 가정에서는 이를 가르쳤습니다.

다음은 전통 가정에서 가르쳤던 내용을 『사자소학』을 중심으로 간단히 소개하겠습니다. 여기서 '자식은 부모를 본받는다'는 교육적 원리가 적용됩니다. 다시 말해 부모가 본을 보이면 자식은 저절로 따라하게 된다는 원리입니다. 부모가 자식을 가르치는데 이러이러한 것이라고 일러주는 것보다 몸소 실천해보임으로써 가르치는 것이 더 효과적이라는 말입니다. 의롭고 자애로움을 가르치는 것도 바로 이런 원리로 이해할 수 있습니다.

그래서 여기서 부모가 해야 할 일, 자식이 해야 할 일을 따로 구분하지 않고 『사자소학』의 내용을 소개하고자 합니다. 순서를 무시하고 필요한 것만 골랐습니다.

> 저녁에는 부모님의 잠자리를 보살피고 새벽에는 문안으로 살피고
> 겨울은 따뜻하게 여름에는 서늘하게 해드려라.
> 부모께서 병환이 있으시거든 근심하며 낫게 할 것을 꾀하고,
> 밥상을 대하여 잡수시지 않거든 좋은 음식 얻을 것을 생각하라.
> 집을 나갈 때는 반드시 아뢰고 돌아오면 반드시 뵈며,
> 만일 맛있는 음식을 얻거든 돌아가 부모께 드려라.
> 의복이 비록 나쁘더라도 주시면 반드시 입고,

음식이 비록 싫더라도 주시면 반드시 먹어라.
부모가 옷이 없으시거든 내 옷을 생각하지 말고,
부모가 밥이 없으시거든 내 밥을 생각하지 말라.
내 몸이 능히 착하면 명예가 부모께 미치고,
내 몸이 착하지 못하면 욕이 부모께 미치느니라.
형제끼리 많이 차지하려고 하지 말고,
있으면 있는 대로 없으면 없는 대로 서로 소통하라.
의복과 음식을 몰래 감추는 것은 오랑캐의 무리니라.
형에게 의복이 없으면 동생이 반드시 주고,
동생에게 음식이 없으면 형이 반드시 주어라.
한 잔의 물이라도 반드시 나누어 마시며,
한 알의 곡식이라도 반드시 나누어 먹어라.
형이 비록 나에게 꾸중하나 감히 저항하지 말며,
동생에게 비록 잘못이 있어도 소리내어 꾸짖지 말 것이다.
형제에게 어려움이 있으면 민망히 구할 것을 생각하라.
형이 능히 이와 같이 한다면 동생 또한 본받을 것이다.
나에게 기쁨이 있으면 형제 또한 기쁘고,
나에게 우환이 있으면 형제 또한 근심하느니라.
비록 다른 친한 사람이 있으나 어찌 형제와 같을까.
형제가 화목하면 부모가 기뻐하느니라.

핵가족

앞에서 우리는 가족에 대하여 알아보았습니다. 가족의 변천사를 살펴보면 그 형태가 바뀌어왔음을 알 수 있습니다. 현재도 많이 바뀌고 있습니다.

필자가 살아온 세월 동안만 해도 가족 구성원이 많이 바뀌었음을 실감합니다. 불과 30~40년 전만 해도 시골에는 많은 식구들로 구성된 가족이 꽤 있었습니다. 할아버지와 할머니, 아버지와 어머니, 고모와 삼촌, 조카들 이렇듯 많은 가족들이 모여 살았습니다. 다 그만한 이유가 있었는데요, 당시는 농업 위주의 사회였으므로 많은 노동력이 필요했습니다. 아직 기계로 본격적인 농사를 짓지 않았기 때문에 사람의 일손이 많이 필요했습니다. 그러니까 식구가 많은 것이 농사 짓기에 유리했습니다.

그러다가 산업화가 급격히 진행되면서 도시 주변에 공장이 들어서자, 농촌 인구가 급격히 감소하게 되었습니다. 농사를 지어보았자 큰 소득이 없는 데다 자식들 교육 문제 때문에 농촌 사람들이 도시로 몰려들었습니다. 이제 농촌에는 극소수의 젊은이와 대다수의 노인들만 살고 있습니다. 노인들이 돌아가시면 농촌에는 누가 남게 될지 궁금합니다.

도시에 올라온 사람들은 대부분 부모와 자식들로 구성된 이른바 '핵가족'입니다. 이제 도시 평균 가족 수는 네 명을 넘지 않는다고 합니다. 이 말은 자식도 안 낳거나 낳아도 한 명밖에 낳지 않는 가정이 늘고 있다는 것을 말해줍니다. 그뿐만이 아닙니다. 혼인을 아예 하지 않는 사람들도 늘어나고 있습니다. 이렇다보니 우리나라의 인구가 점차 줄 것이라는 예측이 나오고 있습니다. 불과 10년 전까지만 해도 둘만 낳아 잘 키우자는 말을 했고, 불임 수술을 한 부부에게 아파트 분양 자격까지 주었는데 말입니다. 이제는 많이 낳으면 좋다고 하면서 셋째 자녀부터 국가에서 일정한 혜택까지 준다고 합니다. 그렇게 되면 많은 자식을 낳을까요?

애완견

이러다보니 혼자 살거나 극소수의 가족으로 살고 있는 가정이 늘고 있습니다. 가족이 두세 명 있다고 해도 각자의 일 때문에 같이 있는 시간이 적어서 외롭게 집에 있어야 하는 시간이 늘어납니다. 그래서 그런지 애완 동물을 키우는 가정이 기하급수적으로 늘고 있습니다. 심지어 어떤 사람은 퇴근했을 때 사람인 자기 식구들보다 더 반갑게 자신을 맞이해준다고 해서 애완견을 키운다고 합니다.

이제는 애완견이 당당한 가족의 일원으로 등장하였습니다. 심지어 애완견 치료나 수술을 위해 몇십 만원의 돈도 아깝게 생각하지 않는 사람들도 있습니다. 외국에는 애완견이 죽으면 무덤도 만들어주고, 주인이 죽으면 애완견에게 유산을 남기는 사람도 있고, 그것을 위해 보험을 드는 사람도 있답니다. 물론 애완견만 그런 것은 아닙니다. 고양이도 그렇고 다른 동물 가운데 그런 것도 있습니다. 애완 동물 만세! 이럴 경우 누가 애완 동물을 가족이 아니라고 하겠습니까?

동성연애자

여러분은 동성애를 어떻게 생각합니까? 과거에는 이것을 좋지 못한 것으로 생각했습니다. 심지어 『성경』에서도 그것을 죄악으로 표현하고 있습니다. 그러니까 동성애의 역사는 오래되었다고 말할 수 있겠지요.

전통적으로 동성애에 대하여 종교나 보수적인 단체에서는 죄악시하거나 '정신병'으로까지 취급하였습니다. 우리는 이것을 과연 병적인 현상인지 아니면 지극히 정상적인 것으로 볼 것인지 깊이 생각해보아야 합니다. 이것이 모든 사람에게 해당되는 것은 아니지만, 비록 극소수라고 하더라도 인류의 특수한 현상으로 보려는 사람들도 많습니다. 이렇다면 동성애란 병이 아니라 보통 사람과 다른 특이한 심리적·신체적 특징을 지닌 지극히 정상적인 사람이라는 결론에 도달합니다.

그래서 동성애자들에게 차가운 눈초리를 보내는 시선이 다소 완화되고 있는 나라들이 점차 늘고 있습니다. 우리나라도 몇 년 전 어떤 연예인이 공개적으로 자신이 동성애자라는 것을 밝힌 이후 사회적인 문제가 되면서 용기 있는 일이라고 칭찬하기도 하고 비난하기도 했지만, 지금에 와서는 동성애자에 대한 여론이 그다지 적대적이지는 않은 것 같습니다.

세계의 여러 나라 가운데 동성애자 부부를 인정하는 나라도 있습니다. 부부로 인정한다는 것은 재산권 등을 포함한 법적인 권리와 의무를 부여함과 동시에 당당한 가족으로 인정한다는 것을 의미합니다. 그러니까 금세기에 와서 가족 제도에 또 한 번의 새로운 형태가 등장했다는 것이지요. 물론 기존의 가족과 마찬가지로 자녀 입양권이라든지 제한된 직장에의 진출권 등도 머지 않은 장래에 주어질 것으로 보입니다.

유사 가족

만약 그러하다면 앞으로 여러 형태의 가족이 등장할 수도 있습니다. 가령 친한 친구끼리, 동호인끼리, 형제끼리, 자매끼리 또는 같은 처지에 있는 사람끼리, 비록 서로 성생활을 매개로 하는 관계는 아니지만, 가족의 형태로 살아갈 것입니다. 지금도 그렇게 사는 사람들이 있습니다.

그러나 이것과 다른 점은 점차 이들도 다른 일반 가정과 똑같은 법적이고 제도적 권리를 요구할 수도 있다는 것입니다. 이렇게 되면 단지 남녀를 핵으로 구성된 전통적 가족만이 가족이 아니라 다양한 형태의 가족 제도가 등장할 수 있습니다.

그런 가족은 나에게 무엇인가?

인간은 홀로 살아갈 수 있을까? 굳이 로빈슨 크루소의 이야기를 거론하지 않더라도 인간이 홀로 산다는 것은 매우 힘든 일입니다. 그래서 최소한의 안식과 위안과 유대감을 얻기 위해서는 가족이 필요한 것입니다.

유교적 문화가 강하게 지배했던 전통 사회에서는 가족을 통하여 죽은 이후의 위안도 얻었습니다. 자신은 죽더라도 자신의 분신인 자손들이 살아 있기 때문에 죽은 것이 아닙니다. 자손들에 의하여 죽어서도 효도를 받습니다. 사당에 모셔져 때마다 제사를 받게 되고, 족보에도 기록이 남기 때문입니다. 그래서 그토록 아들을 낳으려고 안간힘을 썼고, 가문의 전통과 가풍을 이어가려고 노력했던 것입니다.

그런 안식과 위로와 유대감을 얻기 위해서 과거에는 혈연을 중심으로 가족이 형성되었습니다만, 미래 사회는 혈통을 지속으로 이어가는 것이 삶에 커다란 부담으로 작용한다면 새로운 형태의 가정을 개발해나갈 것이라고 확신합니다.

혈통을 이어나간다는 것은 현대 사회에 와서 쉽지 않습니다. 저출산에 따른 인구 감소가 그것을 반증해주고 있습니다. 그것은 자녀 양육에 대한 경제적 부담, 아니 혼인 자체에 대한 부담이 막중하기 때문입니다. 돈이 없는 사람들은 혼인하기도 힘들지만 자녀 양육도 만만치 않습니다. 그렇다면 돈 많은 사람들이 자식을 많이 낳으면 나라의 인구가 줄지 않을 것이라고 생각하겠지만, 돈 많은 사람들도 자녀를 많이 낳으려 하지 않습니다. 특히 여성의 경우 임신과 출산 등의 고통과 번거로움 때문에 그것을 회피하고 있기 때문입니다. 여성은 아이 낳는 도구가 아니라고 하면서.

그래서 과거에는 자녀를 통하여 노후 생활을 보장하려는 부모들이 많았지만, 요즘은 자식이 있더라도 그것을 기대하는 부모는 적은 것 같습니다. 그런 풍조도 자식을 적게 낳는데 일조하고 있습니다만, 그렇더라도 노년을 편하고 외롭지 않게 보내려는 생각은 할 것입니다. 따라서 어떤 형태로든 유사한 가족과 같은 모습으로 살아갈 것입니다. 인류가 멸망하는 날까지 가족은 유효하지 않을까요?

가족이여 영원하라!

「성조기여 영원하라!」 제가 미국을 찬양하는 것 같지요? 이 말은 행진곡 제목입니다. 지금이 가을철이니까 생각나는데, 예전에 초등학교 운동회 연습 때 수백 번 더 들은 행진곡입니다. 아마 들려주면 독자 여러분들도 '아 이 음악!' 하고 머리를 끄덕일 것입니다. 저는 '성조기' 대신에 '가족이여'라는 말로 바꾸어 보았습니다.

정말로 가족이 영원할까요?

보세요. 각 회사마다 홍보용 책자나 사내 신문 제목을 보면요 '○○ 가족'이라는 말이 있고요, 운동팀에도 '◇◇ 가족'이라고 하고요 '등현 가족'(제가 소속한 등현초등학교)이라는 말을 자주 사용합니다. 그뿐인가요? '경찰 가족', '철도 가족', '△△ 대학교 가족' 등 다양하게 사용되고 있습니다.

왜 이처럼 가족이라는 말을 많이 붙일까요? 과거에 유교가 가족 윤리를 국가 윤리에 적용시켰다고 비판하는 학자들도 있었는데요, 그럼 앞에서 말한 이것들도 거기에 해당되지 않나요?

우리나라 사람들은 예나 지금이나 뭉치기를 좋아해서 어디를 가나 모임을 많이 만듭니다. 필자도 가능한 모임을 안 만들려고 하는데 어쩔 수 없이 가입된 모임이 참 많습니다. 동창회 모임과 학교 관계 모임만 해도 수없이 많고, 무슨 학회에다 친목 모임까지 합하면 머리가 아플 지경입니다. 연간 회비만 해도 만만치 않습니다.

요즘 시중에 우스갯소리로 한국에서 가장 막강한 모임이 세 개 있는데 그것이 무엇이냐 하면 '해병전우회', '호남향우회', '고려대동창회'라는 말이 있습니다. 필자가 아는 사람 가운데 이 셋에 다 해당되는 사람도 있습니다. 심지어 아프리카에도 대한민국 해병전후회가 있답니다. 회원은 단 세 명이고요. 어쨌든 이런 모임도 가족의 연장이라고 생각합니다. 그것을 통하여 사람들은 소속감과 유대감을 느끼고 서로 돕고 살아가는 가족과 같은 끈끈함을 느끼는 거겠지요.

가족의 화목

가족이든 또는 유사 가족이든 어쨌거나 화합이 제일 중요합니다. 화합이 깨지면 더 이상 가족이라 할 수 없기 때문입니다. 가령 가족과 같은 운동팀이 있다고 합시다. 이 팀이 결국 이겼더라도 실수 때문에 이전에 실점한 선수까지 비난하게 되면, 승리의 영광 앞에서 화합이 깨어집니다. 물론 경기를 반성하고 팀 전력을 향상시키기 위해서 실수의 원인을 분석하고 고치는 것은 있어야 하겠지요.

또 어떤 회사에서 연말 결산 때 큰 이익을 냈는데, 중간에 손해를 좀 보았다고 책임자를 크게 문책하면, 회사의 화합이 깨어집니다. 다른 사람들도 다음에 실수할까봐 전전긍긍하여 새로운 것에 도전하지 않으려고 할 겁니다. 물로 이때도 실수의 원인을 분석하고 다음 전략에 대비하며 책임자는 가볍게 문책하거나 주의를 주면 될 것입니다.

가족이기주의

사실 우리 한국 가족처럼 끈끈하게 잘 모이는 민족도 드물 것입니다. 물론 외국에 나가 살면서 우리 민족끼리 뭉쳐서 서로 돕고 사는 것은 아름다운 일입니다.

그러나 국내외를 막론하고 이런 모습이 다른 사람들을 무시하고 자기 집단에 속한 사람들끼리만 잘 어울려 돕고 사는 것은 문제가 많습니다. 어떤 사람이 높은 관직에 올랐다고 해서 자기 출신 지역 사람만 좋은 자리에 앉힌다면, 그 조직의 화합은 깨지고 소기의 성과를 거두지 못할 것입니다.

우리나라 현대 정치판도 이와 전혀 다르지 않았습니다. 과거 어느 지역 출신이 그랬으니 우리도 그래보자는 식이 이어져왔습니다. 서북 지역(황해도와 평안도 일부), 영남, 호남 이렇게 이어지면서 악순환이 되어 왔습니다. 물론 최근에 와서 국민들의 따가운 시선 때문에 그런 경향이 좀 완화되긴 했지만요.

이런 가족이기주의 현상은 기업에서 더욱 두드러지게 나타납니다. 이른바 재벌의 지배권 상속입니다. 재벌들이 자신들의 재산을 후손에 물려준다고 해서 문제될 것은 없습니다. 정당하게 상속세를 낸다면 말입니다. 사실 우리나라의 상속세법은 다른 나라에 비해 상속자에게 훨씬 유리한데도, 그동안 온간 편법이나 불법을 사용하였고, 지금도 모 재벌의 편법 상속 문제가 계속 거론되고 있는 상태입니다.

페어플레이 정신

현재 우리나라의 위기가 있다면 노무현 대통령이 정치를 잘못해서가 아니라, 페어플레이 정신이 깨어진 데 있습니다. 위기는 거기에서 연유한 우리 사회의 모순 때문입니다. 현 정권을 비판하는 언론이나 야당 또는 여당 내의 인사, 고위 공직자, 심지어 동네의 졸부까지 공통의 잘못, 곧 페어플레이를 안 했기 때문에 돌아오는 부메랑은 모르고 있습니다.

페어플레이를 안 했다고 그 사람들을 법적으로 문제삼을 수는 없습니다. 법을 교묘히 피해갔기 때문입니다. 그러나 작게는 교통 규칙을 지키는 일부터 크게는 쿠데타로 정권을 잡는 것이나 기업 운영까지, 법과 규정대로 해서 현재의 위치에 있는 사람들이 얼마나 되겠습니까? 필자의 주변에도 집 값이 몇 억씩이나 올라서 좋아하는 사람이 있는 것을 들은 적이 있으니 말입니다. 그런 사람들도 누군가 페어플레이를 하지 않는 사람들 때문에 1년 사이에 재산이 몇 억이나 늘지 않았습니까?

그러니 새로운 정책이랍시고 세워보았자, 고작 헌 자루에 곡식 새나가듯 여기 기워놓으면 저기 터지고 저기 기워놓으면 여기 터져 종잡을 수 없는 형국이 되고 말았지요. 국가를 운영하는 것도 바로 이런 상황입니다. 필자가 현 정권을 담당한 사람들에게 비판할 수 있는 것은, 이들이 국가를 혼란스럽게 한 것이 아니라 그 혼란의 핵심을 제대로 파악하여 근원적으로 제거하지 못했다는 점입니다. 아마도 가진 자들의 도덕성이 이대로라면 어떤 정권이 등장하더라도 힘들 것입니다.

여기서 더욱 걱정스럽고 우려되는 것은 페어플레이를 안 하기 때문에 국가 권력도 어쩔 수 없는 상황이 문제라는 것입니다. 정치인이나 검찰, 언론이 모 재벌로부터 뇌물을 받아먹고 뒤에서 봐주고 있다느니, 법조계에도 모 기업의 장학생이 있다느니 하는 것은 단순한 소문이 아닌 것으로 드러나고 있습니다. 이렇다면 로마 말기처럼 황제 자리도 돈주고 사고 팔듯이 대통령 자리도 그러지 말라는 법이 없겠지요. 아니면 대통령을 허수아비로 만들려고 할 것입니다. 국가 권력도 상대할 수 없는 기업이나 단체가 있다면 이는 정말로 큰일입니다.

원 죄

필자는 엉뚱한 상상을 해보았습니다.

'내게 지금 당장 돈이 20억쯤 생긴다면 무엇을 할까? 당장 직장을 때려치우고 좀 쉬면서 생각해보자. 그렇지. 경험이 없어서 장사나 사업은 못할 테고, 그렇다고 농사를 지을 수도 없네. 옳거니, 어디다 땅이나 집을 사놓고 오를 때까지 기다릴까? 남은 돈으로 먹고살면서 여행이나 다니지 뭐 ….'

40대 이상의 성인이라면 누구나 이런 상상을 한 번쯤은 해보았을 것입니다. '땅이나 집을 사놓고 오를 때까지 기다린다'는 것은 페어플레이가 아닙니다. 아! 우리 의식 속에 이미 페어플레이하지 않는 정신이 깃들어 있습니다. 아무런 죄의식도 없이 말입니다. 무섭습니다. 돈만 있으면 이렇게 편한 세상이 정말 무섭습니다.

얼마 전에 어떤 교회가 이사를 가면서 그동안 교회 터의 땅값이 올랐는데 그 오른 값을 사회에 돌려줄 계획을 갖고 있다는 보도를 들었습니다. 정말로 그 땅이 팔린 뒤 약속대로 그렇게 했는지는 모르겠습니다만, 요즘 세상에 참으로 보기 드문 신선한 충격이었습니다.

부동산 투기는 돈 없는 가난한 사람들의 희망과 생명을 빼앗는 일이며, 경우에 따라서는 생존의 기회조차 박탈하는 범죄 행위이기도 합니다. 그것은 빈부 격차를 넓히는 일이기도 하지만, 가난한 자들이 자기의 땅은 고사하고 집도 없이 평생을 힘들게 살아야 하는 그늘진 삶을 조장하는 일이기 때문입니다.

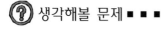 생각해볼 문제 ■ ■ ■

[1] 남자는 바람을 피우면 이해할 수 있지만 여자는 안 된다는 것은 생물학적으로 근거가 있는 것일까요? 아니면 문화적인 관습일까요?

[2] 동성애자 집단도 원할 경우 법적인 권리나 의무가 주어지는 가족의 한 형태로 봐도 될까요? 그렇다면 그 근거는 무엇입니까?

[3] 현대 한국인들이 자식에게 돈을 들이고 정성을 기울이듯 애완견을 많이 키우고 있는데, 이 경우 애완견을 가족이라 할 수 있나요?

[4] 한국인들에게 가족은 어떤 기능을 할까요? 긍정적인 면과 부정적인 면을 열거해보세요.

[5] 유교의 가족주의는 현대에도 유용할까요? 유용하다면 그 근거를 밝혀보세요.

넷째 마당

세 글동무

돈도 권력도 다 싫다

세 글동무

① 어느 마을에 친하게 지내는 세 명의 친구가 있었습니다. 세 친구는 함께 서당에 다니면서 열심히 공부하였고, 팽이치기나 연날리기 등을 할 때도 항상 같이 하였습니다. 그런데 세친구는 각자 다른 소원을 가지고 있었습니다.

그 중 한 친구는 부자가 되고 싶어했습니다.

"나는 커서 부자가 될 거야. 부자는 뭐든지 가질 수 있거든."

또 한 친구는 평안감사가 되는 것이 소원이었습니다.

"평안감사의 호령 앞에서는 누구도 꼼짝 못하지. 나는 커서 평안감사가 되어 호령하며 살 테야."

마지막 친구는 신선이 되고 싶다고 했습니다.

"나는 욕심 없이 자연과 벗하며 사는 신선이 되고 싶어."

이 세 친구는 각자 자신의 소원을 이루기 위해 열심히 노력하였습니다.

몇십 년이 흐르자 평안감사가 되겠다던 친구는 드디어 평안감사가 되었고, 신선이 되겠다던 친구도 신선이 되었습니다.

그러던 어느 날이었습니다. 평안감사가 된 친구가 임금님께 인사를 하고 다시 평양으로 돌아오던 길에 신선이 된 친구가 살고 있다는 산을 지나게 되었습니다. 평안감사는 옛 친구가 보고 싶었습니다.

"내가 저 산에 살고 있는 친구를 만나보고 올 터이니 잠시 여기서 기다리고 있거라."

감사는 아랫사람들과 하인들을 두고 홀로 산으로 올라갔습니다. 산에 오르자 울창한 나무들은 시원한 그늘을 만들어주었고 새들은 아름다운 목소리로 노래를 불러주었습니다. 한참 오르자 저만치 아담한 정자가 하나 보였습니다.

'신선이 된 친구가 저곳에서 살고 있겠구나.'

평안감사는 이렇게 생각하고 정자로 달려갔습니다.

정자 앞에는 흰 두루마기를 입은 사람이 발끝까지 기른 수염을 만지작거리며 평안감사를 맞이했습니다.

"어서 오게나. 자네가 올 줄 알고 여기서 기다리고 있었네. 평안감사가 되겠다더니 드디어 꿈을 이루었군 그래."

평안감사는 그제야 친구를 알아보고는 신선을 와락 껴안았습니다.

"자네도 소원대로 신선이 되었구먼. 정말 반갑네. 자네가 어떻게 사는지 항상 궁금했다네."

신선도 기뻐하며 평안감사에게 말했습니다.

"난 이곳에서 잘 지내고 있네. 내가 어떻게 사는지 구경 한번 해보겠나?"

신선은 평안감사를 데리고 조그만 집안으로 들어갔습니다. 집안에는 문이 네 개나 있었습니다. 먼저 신선이 동쪽 문을 열었습니다. 그러자 그곳에는 아름다운 꽃들이 피어 있고 나비들이 이리저리 날고 있었습니다. 마치 봄이 온 듯하였습니다.

이번에는 남쪽 문을 열었습니다. 거기에는 여름 경치가 나타났습니다. 농부들이 뙤약볕에서 열심히 일하고 있었고, 산은 푸르게 우거져 있었습니다.

서쪽 문을 열자 그곳엔 가을이 있었습니다. 산에는 단풍이 울긋불긋하고 누렇게 익은 벼이삭이 논에서 고개를 숙이고 있었습니다.

마지막으로 북쪽 문을 열자 겨울이었습니다. 함박눈이 펄펄 내려 온 세상을 하얗게 덮고 있었으며 아이들은 썰매를 지치며 놀고 있었습니다.

아이들이 재미있게 놀고 있는 모습을 보자 평안감사는 불현듯 부자가 소원이었던 그 친구가 보고 싶었습니다.

"여보게, 부자가 되고 싶다던 그 친구 소식은 알고 있는가? 어떻게 되었는지 궁금하구먼 …."

평안감사의 말에 신선이 말했습니다.

"자네, 그 친구가 보고 싶은가? 그렇다면 내가 그 친구를 직접 만나게 해주지."

신선은 눈을 감고 두 손을 모으며 주문을 외기 시작하였습니다. 그러자 큰바람이 불고 천둥이 치기 시작했습니다.

잠시 후 정신을 차려보니 어느 새 엄청나게 큰 구렁이 한 마리가 쉬쉬거리며 평안감사에게로 다가오지 않겠어요?

"여보게, 이 구렁이는 뭔가? 설마 이 구렁이가 부자가 되겠다던 그 친구는 아니겠지?"

평안감사는 두 눈을 휘둥그래 뜨고 놀란 표정으로 신선에게 물었습니다. 신선은 빙그레 웃으며 구렁이를 향해 중얼중얼 주문을 외었습니다. 그러자 놀라운 일이 일어났습니다. 구렁이의 몸이 갈라지더니 그 속에서 사람이 나오지 않겠습니까? 평안감사는 너무 놀라 자세히 그 사람을 살펴보았습니다. 그랬더니 그 사람은 부자가 되겠다던 바로 그 친구였습니다.

"아, 아니! 자네는 왜 구렁이 뱃속에 들어가 있는가?"

평안감사가 물었지만, 그 친구는 슬픈 표정만 지을 뿐 아무 말도 하지 않았습니다. 그러자 신선이 말했습니다.

"그 이유는 곧 알게 될 걸세. 여보게, 우리 세 글동무가 이렇게 서로 만나게 되었으니, 자네가 가서 복숭아 좀 따오는 게 어떻겠나? 뒤뜰에 가면 복숭아나무에 복숭아가 딱 세 개가 열려 있을 것이네."

신선의 말에 부자가 되고 싶다던 친구는 뒤뜰로 갔습니다. 나무에는 복숭아가 네 개 열려 있었습니다.

'복숭아가 세 개 열려 있다더니, 신선이 잘못 안 모양이군. 하나는 여기서 내가 먹고 세 개만 가져가야겠다. 그러면 나는 두 개를 먹게 되는 셈이지.'

부자가 되고 싶다던 친구는 거기서 얼른 하나를 먹고 나머지 세 개를 따 가지고 돌아왔습니다.

"복숭아가 딱 세 개 있더군."

그 친구가 시치미를 떼며 말했습니다. 그러자 세 친구는 복숭아를 하나씩 나누어 먹었습니다. 복숭아를 다 먹자 신선이 말했습니다.

"자네는 다시 구렁이가 되어야겠네."

그러자 부자가 되고 싶다던 친구가 애원했습니다.

"구렁이로 사는 건 너무나 괴로워. 나도 이제 사람으로 살고 싶다네. 제발 다시는 나를 구렁이로 만들지 말게나."

평안감사는 친구가 너무나 가여워 신선에게 말했습니다.

"이보게, 친한 친구를 왜 이렇게 구렁이로 놔두는가?"

그러자 신선은 안타까운 듯 혀를 끌끌 차며 말했습니다.

"난들 왜 친구를 구렁이로 살게 하고 싶겠는가? 하지만 저 친구는 욕심이 너무 많아 사람으로 살 수 없다네. 지금도 저 친구는 복숭아를 네 개나 땄으면서 자기가 하나 먹고 세 개만 가져왔다네. 마지막으로 사람이 되는 기회를 주려고 했던 것인데, 이 친구는 아직까지도 욕심을 버리지 못하고 있다네."

부자가 되고 싶다던 친구는 신선의 말에 깜짝 놀라며 부끄러워 고개를 숙였습니다. 그리고 눈물을 흘리면서 다시 구렁이로 서서히 변하더니 두 친구 곁에서 사라졌습니다.

평안감사는 그제야 고개를 끄덕이며 말했습니다.

"그런 이유가 있었군. 오늘은 시간이 늦어서 그만 가봐야겠네. 언제 다시 꼭 만나세."

평안감사는 아쉽게 친구와 작별 인사를 하고 헤어졌습니다. 그리고는 일행이 있는 곳으로 돌아왔습니다. 그런데 이게 웬 일일까요? 그곳에 있어야 할 부하와 하인은 한 명도 보이지 않았습니다. 그때 마침 허리가 굽은 노인이 그곳을 지나가고 있었습니다.

평안감사는 그 노인에게 물었습니다.

"평안감사의 행차를 따라가던 사람들을 못 보셨습니까?"

노인은 고개를 갸우뚱거리며 말하였습니다.

"이곳에서는 평안감사 행차를 본 적이 없소. 내가 일곱 살 땐가 평안감사가 이곳을 지나가다가 저 산에 있는 신선을 만나고 오겠다고 가더니, 여태 돌아오지 않고 있다는 얘기를 들은 적은 있소이다만 …."

산에 잠깐 올라가 신선을 만나고 왔을 뿐인데 시간이 이토록 많이 지나다니, 평안감사는 믿기지 않았습니다. 평안감사는 이것이 꿈이 아닌가 하는 생각이 들어 두 눈을 비비고 주위를 다시 한번 살펴보았습니다. 과연 그곳은 예전의 모습과 많이 달라져 있었습니다. 좁던 길은 소 다섯 마리가 충분히 지나갈 수 있을 정도로 넓어졌고 주막도 하나 보였습니다.

평안감사는 부랴부랴 집으로 달려갔습니다. 대문을 열고 집 안으로 들어서자 처음 보는 사람들이 평안감사를 이상하게 쳐다보았습니다. 평안감사는 정신을 가다듬고 그 집의 주인처럼 보이는 노인에게 물었습니다.

"혹시 이 집에 평안감사가 살고 있지 않습니까?"

"예전에 그랬지요. 하지만 지금 그분은 이곳에 안 계십니다. 제가 듣기로, 그분은 평안감사로 행차하시는 도중에 신선이 된 친구를 만나러 갔는데, 아직까지 소식이 없다고 들었소. 그 이후에 내가 이 집을 사서 지금까지 살고 있소."

　평안감사는 어이가 없어 한동안 말을 잇지 못하고 서 있다가 집을 나와 무작정 걸으며 생각했습니다.

　'이젠 집도 없고 평안감사도 아니야. 생각해보면 관직에 대한 욕심이 너무 많았어. 부자가 되고 싶다던 그 친구도 욕심 때문에 벌받은 거지. 나도 이제 욕심을 버리고 열심히 살아야겠어 ….'

　평안감사는 이렇게 결심하고 다시 신선을 찾아갔습니다.

　"이보게 친구, 다시 왔네. 아무래도 자네와 함께 여기서 살아야겠어."

　신선 친구는 껄껄 웃으며 말했습니다.

　"내 그럴 줄 알았네. 이곳에 한 번 왔던 사람은 인간 세상에 다시 나가 살 수가 없다네. 이곳의 한 시간이 인간 세상의 10년이거든. 잘 왔네, 친구. 우리 여기서 자연과 벗하며 욕심 없이 살아가세."

　이렇게 평안감사는 신선이 된 친구와 함께 자신도 신선이 되어 자연 속에서 행복하게 살았답니다.

(인터넷 LG 전래 동화에서 : *'평양감사'는 '평안감사'로 바로잡아 옮겼습니다.)

부 자

　여러분도 부자가 되고 싶지요? 얼마 전 서점가에 부자에 관한 책들이 많이 등장한 적이 있었습니다. 부자가 되는 것을 싫어할 사람은 없을 것 같습니다. 자본주의 사회에서는 '가난한 사람은 굶어죽을 자유밖에 없다'는 말이 있듯이, 돈이 없으면 자유를 누리기 힘듭니다. 대신 돈이 많으면 많은 자유를 안겨줍니다. 특히 우리나라 같은 나라에서는 '돈만 있으면 천국'이라는 말이 유행하는데요, 그것은 돈 있는 사람을 제약하는 조건이 까다롭지 않다는 것을 말합니다.

오늘 이야기에서 첫 번째 친구처럼 부자가 되는 것을 꿈으로 가진 사람은 참으로 한심한 사람입니다. 그저 재산과 돈만 모아서 부자가 되려고 하겠지요. 설령 부자가 되었다고 하더라도 자신이 번 재산을 써보지도 못하고 죽을 게 뻔합니다.

재산이나 돈은 사람이 살아가는 데 수단이 되는 것입니다. 그러나 그것이 목적이 되면 이야기에 나오는 첫 번째 친구처럼 되는 것입니다. 우리 주위에 그런 사람이 있지요? 평생 재산을 모으기만 했지 제대로 써보지도 못하고 죽은 사람 말입니다. 결국 자식들만 좋게 만들거나 아니면 자식끼리 유산 싸움만 하게 만들지요.

돈을 버는 것 자체는 나쁜 것이 아닙니다. 부지런히 일해서 돈을 버는 것은 중요한 일입니다. 그러나 재산을 가지고 무엇을 위하여 쓸 것인지 목표를 세워야 합니다.

대부분의 사람들은 돈을 벌어서 좋은 집에서 놀면서 잘 먹고 잘 입고 여행 다니며 호화롭게 삽니다. 그러고 나서 남은 재산을 자손에게 물려주고, 자기 이름을 남기기 위하여 기념관이나 박물관을 짓고, 또 자손 대대로 물려줄 회사나 기관을 만들어 편안히 살게 만듭니다. 다 좋습니다. 그러나 남이 아닌 자신과 가족만을 위해 돈을 모은다는 것은 그리 대단하거나 칭찬할 일도 아닙니다. 그런 것을 위해 목표를 세우는 사람은 기대할 것도 없습니다.

평안감사

평안감사는 권력을 상징합니다. 감사란 조선시대 지방 장관인 관찰사의 다른 이름입니다. 당시 여덟 개의 도 가운데 평안감사는 평안도 지방의 관찰사인데, 감사는 종2품 이상이었으므로 권력 서열로 따지자면 꽤 높았다고 할 수 있습니다.

그런데 그보다 직책이 높은 정승도 있고, 평안감사가 아니라도 다른 도의 감사도 있었는데, 하필 우리가 읽은 이야기에서 두 번째 친구는 평안감사를 하고 싶어했을까요? 우리 속담에 '평안감사도 제하기 싫으면 그만이다'라는 말이 있는데, 이는 아무리 좋은 것이라도 정작 본인이 싫으면 어찌할 수 없다는 뜻입니다. 그러니까 평안감사는 우리 문화에서 권력이나 감투로 볼 때 '좋은 것'으로 상징됩니다.

그런데 왜 평안감사를 좋은 감투로 생각했을까요? 몇 가지로 분석할 수 있습니다. 아무리 높은 벼슬이라도 임금 가까이 있으면 조심해야 하고 남의 이목에 신경을 써야 합니다. 그러나 관찰사는 상대적으로 임금이 계신 한양에서 멀리 있으므로 다소 독립적인 권력을 행사할 수 있습니다. 게다가 평안도 지방은 다른 지방과 달리 일도 그리 많지 않았습니다. 인구 분포상 양반이나 유생(儒生)이 적었기 때문에 그들의 영향도 거의 받지 않았다고 말할 수 있지요. 이전에는 지방 관리들이 잘못을 저지르면 양반들이 임금께 상소를 올렸거든요.

그리고 예전부터 특히 평양은 색향(色鄉)이라 하여 예쁜 기생들이 많았습니다. 기생들은 주로 자기 집을 떠나 멀리 관직에 나와 있는 관리들을 위하여 술자리나 잠자리를 도와주는 역할을 했는데, 이들을 관기(官妓)라고 불렀습니다. 관기가 아닌 경우에는 개인이 직접 술집을 운영하면서 많은 기생을 거느린 일도 있었습니다. 여하튼 평양에는 기생이 많았나봅니다. 이렇다 보니 평안감사는 '작은 왕'과 같이 권력과 향락을 누릴 수 있었겠지요. 그래서 벼슬길에 오른 남자들이 선호하는 관직이 아니었나 생각되며, 오늘날에도 그런 영향으로 속담이 남아 있는 것입니다.

그래서 두 번째 친구는 권력과 향락의 화신인 평안감사가 되고자 했던 것입니다. 오늘날에도 돈은 대개 권력과 결탁을 합니다. 가령 어느 집안이 돈을 많이 벌어서 부자가 되면, 자식을 검사나 판사로 만들려고 하거나 그것도 안 되면 그런 사위를 맞이하려는 것과 같은 것입니다.

그런데 부정 부패가 만연한 시대에는 돈보다 권력을 선호했습니다. 왜냐고요? 권력을 가지면 돈은 자연히 따라오니까요. 전두환·노태우 전대통령들도 천문학적인 돈을 뇌물로 받았고, 그 뒤 대통령 후보에 나선 사람들도 기업으로부터 차떼기로 사과 상자에 돈을 받지 않았습니까? 권력이란 이처럼 부패할 때 돈과 결탁이 되는 것입니다. 지금도 돈 많은 사람이 죄를 지어 감옥에 갈 입장에 처하면 돈으로 해결하려고 합니다. 유전무죄 무전유죄처럼 말입니다. 그럼 이 돈은 어디로 가겠어요? 권력을 가진 사람에게 가겠지요. 그 권력이 크든 작든 간에 말입니다.

그러나 높은 벼슬을 얻고자 하는 꿈을 갖는 자체가 나쁜 것은 아닙니다. 권력이나 벼슬을 얻어 그것을 바탕으로 자신의 재산을 모으거나 자신의 욕망대로 권력을 사용하는 것이 나쁜 일이지, 그것을 가지고 국민에게 올바르게 봉사하는 것은 참으로 아름다운 일입니다. 우리 현대사에는 그런 사람이 드물었기 때문에 누군가 그렇게 했다는 소식을 들으면 아름답게 생각하는 것입니다.

명 예

명예를 얻기 위하여 인생의 목표를 세우는 것은 그래도 앞의 두 경우보다는 훨씬 낫습니다. 아마 대부분의 교양 있는 사람들은 그 때문에 살지 않을까 합니다. 이 세상에 자신의 좋은 이름을 남기는 것 참으로 보람있는 일이지요.

그럼 명예를 얻으려면 어떻게 하면 되나요? 쉽게 아는 방법은 역사적인 위인을 찾아보면 됩니다. 크게는 나라와 인류를 위해 힘쓰든지, 작게는 학문이나 문학, 예술, 과학, 종교, 기술 등을 통하여 훌륭한 업적을 남기면 됩니다. 명예를 가진다고 반드시 돈이 따르고 권력이 생기는 것은 아닙니다. 돈이 따를 수도 있고 권력이 생길 수도 있지만, 비참하고 가난할 수도 있습니다. 그런 각오로 명예를 얻기 위하여 인생의 목표를 세우는 것도 훌륭한 일입니다.

그런데도 명예만을 얻기 위하여 노력하는 사람들도 있습니다. 과거에도 그런 사람들이 많았는데, 이름이 알려지면 벼슬 한 자리라도 얻으려고 안달했지요. 그런 사람을 향하여, 세상을 속이고 이름을 도둑질하는 '기세도명(欺世盜名)하는 자'라고 비판했습니다. 오늘날에도 신문이나 텔레비전에 자신에 대한 기사나 보도가 안 나가면 답답해 못 견디는 인사들도 있다고 합니다. 참된 명예란 그 자체를 위해 노력해서 얻어지는 것이 아니라, 스스로 사회나 국가나 인류를 위해 봉사하다보면 저절로 얻어지는 것입니다.

신선(神仙)

신선에 대해서는 『전래 동화 속의 철학』 시리즈 3권에 나오는 「나무꾼과 선녀」에서 약간 언급을 했습니다. 신선에 관해서는 신선 사상과 신선 설화를 구분해서 이해하는 것이 좋을 듯합니다. 우리가 읽은 이야기는 물론 신선 설화와 관계됩니다.

신선 사상이라 함은 속세를 떠나 선계(仙界)에 살며 젊음을 유지한 채 장생불사(長生不死)한다는 신선의 존재를 믿고 그에 이르기를 바라며 추구하는 사상입니다. 중국에서는 노자와 장자의 사상에서 장생불사의 일면만을 강조하여 민간으로 전승된 것이며, 한나라 말기에 이르러 여러 가지 의식을 갖추고 도교(道敎)로 발전되었고, 외래 종교인 불교와 더불어 중국의 종교로 대표하게 되었습니다. 도교는 주로 왕이나 제후 등 현세적인 권력과 쾌락의 영속을 바라는 계층에서 적극적으로 신선을 갈구하여 불로장생을 기도하는 방향으로 전개되었습니다.

우리나라에서는 일찍이 신선 사상이 고조선의 설립과 밀접한 관계를 맺고 있으며 이후로도 그 선가(仙家)의 맥락이 민간에 죽 이어지고 있습니다. 그리고 우리나라에 이런 사상이 전파는

되었지만 종교로서는 큰 발전을 보지 못한 채 민간 토속 신앙에 스며들어 혼합되었고, 민간 설화가 이 사상을 이해하는 데 중요한 구실을 하게 되었습니다.

우리의 전래 동화 속에는 이 신선 사상과 관련된 내용이 제일 많습니다. 이것이 민간 설화와 가장 가깝기 때문입니다. 우리가 잘 아는 「나무꾼과 선녀」, 「견우와 직녀」, 「심청 이야기」, 「흥부와 놀부」를 비롯하여 용왕이나 저승, 복숭아, 하늘나라 등이 등장하는 이야기는 모두 이 신선 사상과 직간접으로 관련이 있습니다.

그러니까 이 신선 사상은 사람이 장생불사하는 것을 목적으로 하는데, 그런 사상이 나오게 된 이유는 사람의 생명이 유한하여 늙고 병들어 죽기 때문일 것입니다. 불교에서는 깨달아 부처가 되어 극락에 가는 것이 영원히 사는 것이라면, 도교에서는 신선이 되면 바로 영원히 사는 것입니다.

장생불사에 비하면 돈도 권력도 보잘것없는 것

그러니까 '신선 놀음에 도끼자루 썩는 줄 모른다'는 속담에서 보여주듯, 신선이 사는 곳의 하루가 일반 세상의 10년에 해당되니, 잠깐 사이에 도끼자루가 썩을 만하지요. 이렇듯 세상의 일이란 모두 잠시이고 보니 돈이 무슨 소용이 있겠습니까? 다 부질없는 것이지요. 또 권력이 무슨 의미가 있겠습니까? 그러니 영원히 죽지 않고 젊게 사는 것이 최고이지요.

자, 다시 이야기로 되돌아가서 살펴보겠습니다. 돈을 목표로 한 첫 번째 친구는 구렁이가 되었습니다. 왜 부자가 되어야 하는

지에 대한 목표도 없이 그저 재산을 모으는 욕심만 마음속에 꽉 찼으니 구렁이가 되었습니다. 구렁이가 된 친구에게 사람이 될 기회를 주었지만, 결국 그 탐욕을 버리지 못해서 사람으로 환생하지 못했습니다.

하필 구렁이가 되었는지 그 까닭은 자세히 나오지는 않지만, 구렁이가 코끼리를 삼키다 배가 터져 죽었다는 말이 있듯이 탐욕을 상징하는 동물로 여기기 때문입니다. 얼마 전 미국에서 미얀마산 비단구렁이가 악어를 삼키다가 배가 찢어져 죽은 기사를 본 적이 있는데요, 정말로 자신이 죽을 줄도 모르고 엄청난 탐욕을 부린 장면을 사진으로 보니 끔찍했습니다.

두 번째 친구 역시 평안감사가 되었지만 무엇을 하겠다는 목표가 없습니다. 그저 권력만 탐냈습니다. 그 권력이란 것도 무상한 세월 앞에서는 무용지물이 되고 말았습니다. 그래서 그 친구는 신선보다 못하다는 것을 알고, 신선이 되려고 세 번째 친구를 다시 찾아왔습니다.

이 이야기에서 말하고자 하는 것은 두말할 것도 없이 '신선이 최고다', 곧 장생불사하는 것이야말로 인간이 추구할 수 있는 것 가운데 가장 소중한 것이라는 메시지입니다.

돈도 권력도 다 싫다

대중 가요 가사처럼 '돈도 명예도 다 싫다. 이름 없이 살리라' 하는 생각을 하면서 자연과 벗하며 살려고 하는 것도 이 신선 사상과 관련이 됩니다. 굳이 장생불사하는 것을 바라지는 않지만, 시끄러운 세상을 등지고 조용한 전원에서 소박하게 살려는 것을 꿈꾸는 사람들도 이런 것과 통합니다.

이전에는 당쟁으로 인하여 화를 당했기 때문에 벼슬을 버리고 초야에 묻혀 살려는 사람들이 있었습니다. 그런 시절에는 장생불사는 고사하고 목숨이라도 온전하게 보전하는 것이 큰 다행이었습니다. 그래서 이 경우에는 권력과 부를 포기하고 이름 없이 사는 것이 최고였습니다.

요즘이라고 이런 사상이 없는 것은 아닙니다. 얼마 전까지만 해도 젊은이들은 권력을 얻든지 돈을 벌든지 이른바 '출세'라는 것을 위해 열심히 노력했습니다. 그러나 요즘은 그렇게 심하지는 않습니다. 여전히 출세를 위해 뛰는 사람도 있지만요.

현대인들은 공해가 난무하는 시끄러운 도시보다도 조용한 시골에서 전원 생활을 꿈꾸는 사람들이 늘어나고 있습니다. 출세해서 이름을 날리는 것보다 조용히 숨어살면서 가족과 함께 오순도순 사는 것을 더 선호하는 사람들이 늘고 있습니다. 게다가 한 가지 더 바라는 것이 있다면, 자기가 하고 싶은 일을 하면서 사는 것입니다.

여러분은 어떤 꿈을 가지고 있습니까? 이런 자연 속에서 욕심 없이 사는 것이 꿈입니까? 아니면 도시 속에서 사람들과 부대끼며 돈을 버는 것이 꿈입니까? 그것도 아니면 정치가가 되어 권력을 획득하는 것이 꿈입니까? 또 아니면 인생의 정열을 불태우며 한순간이라도 멋있게 살고 싶습니까? 또 그것도 아니라면 종교인이 되어 영원한 내세의 티켓을 획득하는 것이 꿈입니까? 이것도 저것도 아니라면 세상의 온갖 부조리를 비판하면서 죽는 날까지 이름 없이 꼬장꼬장하게 사는 것이 꿈입니까?

이 땅에서 영원히 살리라

불교의 해탈은 생사를 초월하는 것이지만, 신선 사상은 이 세상에서 갖고 있는 생명을 그대로 연장하는 것을 목적으로 합니다. 그래서 늙지 않고 젊음을 유지한 채 오래 살려면, 수련을 통하여 몸을 건강하게 유지하든지 아니면 신비한 약초를 먹어야 했습니다. 이른바 단학(丹學)이나 단약(丹藥)이 그것을 가능케 해주는 수련이나 약으로 여겨졌습니다.

그래서 이 이야기에서는 개인의 영생이나 속세를 초월한 삶을 추구하지만, 사회가 어떻게 되어야 할지 또 그 사회를 바르게 이끌기 위해 무슨 일을 해야 하는가에 대해서는 관심을 갖지 않고 있습니다. 다만 사람들이 욕심을 버리고 신선이 되는 삶을 통해서 바른 세상이 되리라는 것을 넌지시 알려주고만 있을 뿐입니다.

노자(老子)

이 이야기의 세 번째 주인공이 현실에서의 삶의 가치에 비중을 두지 않는 태도의 이면에는 노자의 사상과 깊은 관계가 있습니다. 신선 사상의 뿌리에는 노자의 사상이 있다는 뜻입니다.

노자에 대한 전기는 사마천이 지은 『사기(史記)』에 들어 있는데, 춘추시대의 전설적인 인물로 그려집니다. 그리고 그의 나이가 160세 또는 200세라는 소문이 있다고 하여 신선처럼 여기게 했습니다. 여하튼 노자라는 인물에 대해서는 분명치 않습니다. 그가 썼는지 확실치는 않지만 『노자』라는 책을 통하여 그의 사상을 엿볼 수 있고 그 책을 『노자 도덕경』이라고도 합니다.

노자는 말합니다. "큰 도가 사라지니 인의(仁義 : 공자·맹자를 대표하는 유가의 도)가 나오고 지혜가 생겨 큰 거짓말이 있게 되었다. 가까운 친척이 서로 화목하지 않자 효도니 사랑이니 하는 말이 생기고, 국가가 혼란하니 충신이 나오게 되었다." 곧, 유가에서 말하는 도덕이라는 것은 그들이 지어낸 것일 뿐 진정한 도가 아니라고 합니다. "도를 도라고 말하고 이름을 이름이라고 말하는 순간 도도 아니고 이름도 아니라"고 합니다. 이 말은 무엇이든 말로 표현하는 순간 참된 진리가 아니라는 것입니다. 그러니까 저절로 있는 그것, 스스로 있는 그것이 참된 세계이지, 인간이 억지로 무엇을 하고자 하면 안 된다는 것입니다. 있는 그대로 자연을 따라가는 것, 그것이 노자가 바라는 참된 인생의 태도입니다. 그러니까 앞의 이야기에서 부자가 된다든가 권력을 추구하는 것은 애당초 노자의 관점에서 보면 말도 안 되는 짓입니다.

노자가 말하는 진리[道]는 공평무사하여 인간의 일에 대하여 무정하고 냉담합니다. 선인이니 악인이니, 아름다우니 추하니 하는 인간적인 기준에 대하여 그의 진리는 아무런 영향도 받지 않습니다. 인간적 지혜는 도의 입장에서 보면 단순한 장식물에 지나지 않고 인간을 어리석게 만드는 원인이 되는 것입니다.

그래서 노자가 추구하는 것은 '무위자연(無爲自然)', 곧 억지로 하지 않는 자연스러움입니다. 그렇기 때문에 나라는 작아야 하고 백성의 수도 적어야 합니다. 총명과 지혜를 끊고, 정교하고 예리한 물건을 없애버리며, 약한 것을 유지하며 다투지 않고, 외모는 수수하고 마음은 소박하게 살아야 합니다.

이렇듯 노자가 추구하는 것은 세상 사람들이 얻고자 하는 명예나 권력이나 돈이 아니며, 공자처럼 도덕을 닦아 훌륭한 인격을 완성하는 것도 아닙니다. 노자가 보배라고 생각한 것은 기본적인 생명의 욕구, 자연스런 생명 활동을 완전하게 실현하는 것입니다. 바로 이러한 입장을 좀더 세속적인 욕망의 차원에서 발전시켜나가면, 장생불사하는 신선이 되고자 함에 도달합니다. 그래서 후세 사람들 가운데 노자를 빙자하여 장생불사하고자 하는 종교를 만들었습니다.

장자(莊子)

노자의 사상을 이은 장자는 이름이 주(周)며 전국시대 사람입니다. 흔히 노자와 장자의 사상을 아울러 노장 사상이라고 부릅니다. 그는 노자의 도를 계승하여, 도는 없는 곳이 없고 무한한 것이며 인간과 상관없이 스스로 있는 것이라고 합니다. 노자와 마찬가지로 인간이 억지로 인위적인 무엇을 하지 말고, 도의 세계에 자신을 맡겨 노닐어야 한다고 주장합니다.

우리는 『장자』라는 책에서 그의 사상을 엿볼 수 있는데, 모두 장자의 사상이라 볼 수 없고 후대에 장자학파 사람들이 쓴 내용도 있다고 합니다. 거기에 신선 이야기나 수련을 통하여 장생불사하는 사람의 이야기도 나옵니다. 나중에 이러한 사상의 영향을 받아 중국의 위진 남북조와 수당 시대에 불교와 도교가 성행

할 때는 불로장생과 신선 세계를 꿈꾸는 신비주의적 사상으로 발전하게 됩니다.

그러나 장자의 참모습은 이러한 것이 아닙니다. 우선 장자는 비유를 들어 인간의 유한성, 상대적 가치 등을 말합니다. 인간의 삶이란 어쩌면 한바탕의 꿈이 아닌가 하고 의심하기도 합니다. 우리가 앞에서 읽은 이야기에서 신선 세계의 한 시간이 인간 세상의 10년과 맞먹는다는 것이 바로 인간 세계의 세속적 삶이 무가치함을 말해주는데, 이 역시 장자의 사상과 관련이 있습니다. 일례로 장자는 친구인 혜시에게 이렇게 말합니다.

"자네는 봉황새를 아는가? 이 새는 오동나무가 아니면 앉지 않고, 맑은 이슬이 아니면 먹지 않는다네. 솔개가 썩어가는 쥐 한 마리를 잡았는데, 마침 지나가던 봉황새를 보고는 자기 먹이를 빼앗길까 허겁지겁했다네. 그 솔개 꼴이 바로 자네 꼴일세."

당시 장자가 관직에 있던 혜시를 찾아갔는데, 혜시는 장자를 자기 나라 왕에게 소개하기를 꺼렸기 때문에 이런 말을 한 것입니다. 장자는 관리가 되어 권력을 갖거나 부자가 되거나 아니면 명예를 얻는 것이 안중에 없었던 모양입니다. 또 권력 가진 사람에게 아부하여 출세한 인간을 심하게 조롱하는 이야기도 있습니다.

장자의 이웃 가운데는 출세하여 수레 수십 대를 끌고 금의환향한 사람이 있었습니다. 장자가 그를 찾아가 말했습니다.

"자네가 크게 출세했다니 축하하네. 그런데 소문에 의하면 그 나라 왕의 종기를 짜주면 수레를 한 대 주고, 등창을 입으로 빨아 고름을 짜내 주면 수레 다섯 대를 준다던데, 자네는 무슨 일을 했기에 이렇게 많은 수레를 얻었는가? 왕의 치질이라도 핥아 준 건가?"

장자는 이렇듯 세속적 가치, 아니 인간적 가치를 모조리 거부 했다고 할 수 있습니다. 영원한 도의 세계에서 보면 인간은 너무 나 보잘것없는 존재가 되고 맙니다. 장자는 이러한 것을 깨닫고 영원한 정신적 자유를 누리고자 했던 것입니다. 그는 홀로 천지 자연과 더불어 정신을 교류하며 자유롭게 살았습니다. 이런 모 습은 흡사 불교의 제법무아, 곧 항상 된 '나'가 없다는 사상과 통합니다. 혹자들은 말합니다. 중국의 선불교는 인도의 불교와 장자의 사상이 만나서 만들어졌다고 말합니다. 장자의 사상은 중국의 문학과 예술에 큰 영향을 미쳤고, 우리가 읽은 이야기 속에도 그의 사상이 녹아 있습니다.

도가와 유가

앞에서 노자와 장자의 사상을 합쳐 도가 사상이라 부른다고 했습니다만, 실은 이후 그의 학파들의 사상까지도 포함시켜서 도가 사상이라고 부릅니다. 기본적으로 도가 사상은 유가 사상 과 많이 다릅니다.

중국 사상사에서 수많은 학파가 있지만, 우리의 전통 문화와 관련지어 볼 때 유교·불교·도교 가운데 도가 사상은 그 한 축 을 담당하고 있습니다. 여기서 엄밀히 말하자면 도교와 도가는 다릅니다. 도교는 종교적인 성격이 강한 반면에 도가는 학문적 이고 철학적인 수양의 성격이 강합니다. 도교에 대해서는 뒤에 서 살펴보기로 하겠습니다.

도가 사상이 유가 사상과 크게 다른 점은 앞에서 잠시 언급했듯이, 도(진리)가 인간에 있는 것이 아니라 인간과 상관없이 저절로 있다고 보는 것입니다. 그렇다보니 자연히 자연적인 것이 도에 가깝게 되는 것이고, 인간도 소박한 자연 상태에서 살아야 함을 강조합니다. 때로는 자연과 하나가 되어 무한한 자유를 누리며 살 것을 권장합니다.

반면에 유가의 도는 철저하게 인간적입니다. 크게는 국가와 사회, 작게는 가정과 개인에 관계되는 윤리를 중시하며 그 윤리, 곧 인륜(人倫)이 바로 지켜야 할 도인 것입니다. 공자가 "인간이 도를 넓히지 도가 인간을 넓히는 것이 아니다"라고 말한 것처럼, 철저하게 인간 중심인 것입니다. 도란 원래 길을 뜻합니다. 길이란 사람이 만든 것이기 때문에 유가의 도란 인간과 관계되지 않을 수 없습니다. 그러니까 유가는 지극히 현실적이고 인간 중심적이며 도덕적인 세계를 꿈꾸어 왔습니다.

이렇듯 우리의 전통 사회는 지극히 인간 중심적인 것이 있는가 하면, 자연 중심적인 것이 서로 공존하여 문화를 꽃피어 왔고, 전래 동화 속에서도 도가(도교) 중심적인 것, 불교 중심적인 것, 유교 중심적인 것이 있으며, 또 서로 혼합되어 있는 것도 있습니다. 문화의 근원에서 방향이 이러하기 때문에 민중들이 만든 민담이나 이야기에도 그것이 고스란히 반영되어 있습니다.

도 교

도교는 원래 중국 한민족(漢民族)의 종교입니다. 동한 순제 때 장도릉이라는 사람이 학명산에서 만든 데서 유래합니다. 처음에 입교한 사람은 쌀 다섯 말을 내야 했기 때문에 '오두미도(五斗米道)'라 불렸습니다. 이 도교는 고구려 연개소문에 의하여 전파된 적도 있습니다. 교인들은 장도릉을 높여 '천사(天師)'라 했기 때문에 '천사도'로도 불렸습니다.

도교는 노자를 교조로 받들면서 '태상노군'이라 높여 부릅니다. 동한 말기에는 장각의 태평도가 생겼고, 동진 시기에는 갈홍이라는 사람이 도술과 도교 이론을 정리하고 명확히 설명하였으며, 남북조 시대에는 도사 구겸지가 옛날의 천사도를 개혁하여 신천사도를 만들었습니다. 그 뒤 당·송·원대를 거쳐 오늘날에 이르고 있습니다.

이렇게 중국에서는 도교가 조직을 갖추고 종교로서 번성했지만, 우리나라에서는 종교로 발전하지는 못하고 때로는 국가의 보호를 받거나 민간 신앙에 흡수되어 발전되었습니다. 그리고 그 내용은 문학 작품이나 그림 등에 고스란히 등장하며 사람들의 상상력과 신앙심을 자극하였습니다.

신선 사상

앞에서 신선 사상이란 속세를 떠나 선계에 살면서 젊음을 유지한 채 장생불사한다는 신선의 존재를 믿고 그에 이르기를 바라며 추구하는 사상이라고 말했습니다.

우리나라의 신선 사상은 산악과 깊은 관계를 맺고 있습니다. 아마도 높은 산이 하늘 나라와 공간적으로 가까이 통한다는 이점 때문인지도 모르겠습니다. 그 연원을 따진다면 역사가 매우 깊습니다. 이미 고조선과 고구려의 건국 신화와 관련이 있으며, 특히 신라에서는 선풍(仙風)이 크게 일어났다고 전합니다. 화랑

도도 이 신선 사상과 관련이 있는데, 이미 이 당시 신선의 역사를 다룬 『선사(仙史)』라는 책이 있었던 것으로 전해집니다.

도교가 원래 신선이 되는 설을 골자로 하여 형성된 종교이므로 한국 고유의 신선 사상과 맞아떨어졌습니다. 통일신라 이후 당나라에 자주 다녀온 사람들이 늘어나자 중국 도교와 접촉이 깊어지면서 중국의 수련적인 도교를 이 땅에 도입하여 조선시대까지 이어진 것으로 전해옵니다.

그런데 현대에 와서는 신선이 되고자 하는 수련이 전해지지 않고 선파(仙派)의 맥락이 끊어진 상태이지만, 조선 후기까지 그것이 이어져 왔다고 합니다. 이들은 유학자들과는 다른, 또는 당시 지식인들과는 다른 역사관을 가지고 있었고, 우리 역사를 자주적으로 보려는 움직임이 강했습니다. 다시 말해 중국 중심의 역사나 문화, 지도층의 사대주의적 태도를 비판하고, 자주적인 역사관을 확립하려고 노력하였습니다. 그리하여 우리 역사가 중국이나 일본을 제치고 아시아에서 우뚝 서길 바랐고 그럴 것이라고 믿었습니다. 그러니까 이들의 역사관은 현재에도 유효하다고 보겠습니다.

이와 함께 민간에는 신선 설화가 전파되어 있습니다. 아마도 우리가 읽은 '세 친구' 이야기도 이 신선 설화 가운데 하나가 아닌가 생각됩니다. 이 신선 설화 가운데서 가장 흥미를 끄는 것은 도술(道術)에 관한 것입니다. 곧, 신선이 부리는 술법을 말합니다.

도술의 유형을 보면, 몸을 숨기는 것과 귀신을 부리는 것과 기술로 상대를 제 마음대로 놀리는 것 등이 있는데, 우리가 읽은 이야기에서는 사람을 뱀으로 변하게 하거나 계절을 마음대로 바꾸어보는 것 등입니다.

이러한 신선 사상이나 신선 도술에 탐닉하는 동기는 몇 가지로 나누어볼 수 있는데, 그 하나는 현실의 생존 경쟁에서 밀려난 사람들이 찾을 수 있는 돌파구로서의 역할 때문입니다. 과거 시험에 낙방했거나 벼슬길에서 쫓겨났거나 신분적 차이로 인해 꿈을 이루지 못했을 때 탐닉하게 됩니다. 또는 부와 명예와 권력 같은 현실적 가치가 너무나 보잘것없어서 더 큰 진리를 탐구하기 위해 몰두하기도 하겠지요.

우리는 현대에도 이런 것이 전혀 없다고 말할 수 없습니다. 현실적 가치를 따르지 않고 은둔하거나, 현대 문명을 부정하고 다른 방식으로 삶을 영위하는 사람들 말입니다. 그런 사람이 우리 이야기의 세 번째 친구의 태도인 것입니다.

돈·권력·명예

필자가 어릴 때 돈과 명예, 권력 가운데 무엇을 고르겠냐고 친구들끼리 농담삼아 말해본 일이 기억납니다. 여러분은 돈과 명예, 권력 가운데 하나만 고르라면 무엇을 택하겠습니까? 필자는 어렸을 때 시골에서 자랐기 때문에 그 당시 공부 좀 잘했던 아이들의 어렸을 때의 꿈을 회상해보면, 대개가 정치가나 검사, 판사 또는 군인이 되겠다고 하는 아이들이 많았던 것 같습니다.

그 당시는 한국전쟁이 끝난 지 그리 오래되지 않았고, 군사 정권 시절이라 역시 권력을 가진 군인이나 검사, 정치인 등이 인기 있는 직업이었습니다. 지금도 제가 살던 고향 사람들이나 그곳 출신 사람들의 직업에 대한 가치관은 예전에 비해 크게 변하지 않은 것 같습니다.

아이들이 무엇이 되겠다고 꿈꾸는 것은 대부분 그 시대상을 반영하고 있습니다. 프로 야구가 한창 인기가 있을 때는 아이들이 야구 선수가 되겠다고 하다가 축구가 인기 있을 때는 축구 선수가 되겠다고 하는 아이들이 많았습니다. 그러다가 연예인이 되겠다고 하다가, 컴퓨터가 대량 보급되고 인터넷이 연결되자 남자아이들은 프로게이머나 컴퓨터프로그래머, 여자아이들은 웹디자이너를 꿈꾸기도 합니다. 요즘 경제가 힘들다고 하고 또 평생 직장의 개념이 깨지고 보니 교사나 공무원 같은 안정된 직업이 새삼 인기가 높아지고 있습니다.

대중들은 돈이 많아 먹을 게 풍부해지고 삶이 윤택해지더라도 여전히 돈에 대한 집착을 갖고 있으면서, 권력이나 명예도 함께 얻으려고 합니다. 그래서 자식들을 공부시켜 검사나 판사가 아니면 대학 교수를 시키려고 합니다. 그것도 안 되면 자녀들의 배우자라도 그런 사람들과 연결되기를 바랍니다. 그들이 원하는 것은 돈과 권력과 명예를 다 가져보자는 것이지요. 돈이나 권력이 인생의 목표라면 정말로 큰일입니다. 그것을 얻었을 때 무엇을 해야 할지 꿈을 가져보지 않았기 때문입니다. 고작해야 편안하고 안락하게 사는 것이겠지요. 남에게 해가 안 된다면 다행이겠습니다.

어쩌면 돈과 권력은 수단과 방법을 가리지 않는다면 얻을 수도 있겠습니다. 그러나 명예가 그런 방식으로 얻어진다면 누군들 얻지 못하겠습니까? 단지 그들은 이른바 '출세'를 명예로 착각하고 있는 것입니다. 명예란 자신이 얻으려고 해서 얻어지는 것이 아닙니다. 진정한 명예는 자신이 인류나 국가 또는 사회에 봉사하거나 헌신함으로써 저절로 따라오는 것입니다. 돈을 많이 가졌다고 불명예스런 것은 아닙니다. 문제는 그 돈을 어떻게 사용하느냐에 따라 명예가 따르기도 하고 치욕이 다가오기도 합니다.

권력을 가진 사람도 돈을 탐내지 않고 청빈하게 살면서 권력을 올바르게 사용하면 명예가 저절로 따라옵니다. 권력을 가졌다고 무조건 청빈하게 살라고 강요할 수는 없습니다. 다만 그가 부자라면 가난한 국민들이 그의 말에 믿음을 갖기가 어려울 것입니다. 먼저 백성부터 부유하게 해주는 미덕은 없더라도, 자신의 재산 때문에 남이 의혹을 갖게 되면 아무래도 아름다운 모습은 아니겠지요.

그런데 권력을 가진 사람이 돈까지 욕심을 내어 부인이나 제삼자를 시켜 온갖 땅 투기를 서슴지 않다가, 더 좋은 관직이 눈앞에 왔을 때 그런 행위가 빌미가 되어 부끄럽게 물러나는 모습을 우리는 수없이 보았습니다. 이는 돈과 권력이 양립할 수 없는 단적인 예입니다.

얼마 전 어떤 정치인이 재산이 무척 많았는데 탈세와 투기 의혹이 있어 화제가 된 적이 있었습니다. 그런 문제가 불거지면서 기자가 질문하자 그의 답변이 걸작이었습니다.

"내가 남보다 앞장서서 투기를 한 것도 아니고, 그저 남들이 하는 대로 상식적으로 한 것인데, 그걸 가지고 무슨 큰 죄를 지은 양 떠드는 것은 이해가 안 된다."

그가 보통 사람이라면 그의 말대로 남들이 다 그렇게 하니까 이해될 수는 있습니다. 그러나 그는 고위 정치인이자 이른바 지도층 인사로서 국민들에게 모범이 되어야 할 사람입니다. 지도자는 시정잡배와는 달라야 합니다. 그가 높은 위치에 있기 때문에 높은 도덕성과 청렴성이 요구되는 것입니다. 그런 사람에게 나라의 살림과 미래를 맡긴 이 나라 국민들의 도덕적 수준도 알 만합니다.

세상이 뭐래도

이 꼴 저 꼴 다 보기 싫다.
돈이고 권력이고 명예고 다 부질없는 것.
세상이 뭐래도 어떻게 되든 상관 말고
짧은 인생 자연과 벗하며 유유자적 살아보리.
공기 좋고 한적한 곳 아담한 집 짓고 텃밭 가꾸며
때맞추어 술 익으면 친구나 불러 술잔 기울이자.
친구가 안 온다면
바람소리 음악으로 대신하고
달빛 벗삼아 취해보리.
그래도 마음이 허전커든
그 마음이란 놈 죽여보자.
그놈 없으면 허전함도 없을 테니까.

그러면
난 네가 되고 넌 내가 되고
또 나비 되고 바람 되다가
너도 없고 나도 없으리니
모든 게 한바탕 꿈이 아니겠나?

위의 노래는 필자가 세상을 보고 답답함을 느낄 때 살고 싶은 모습을 그려본 것입니다. 현대판 신선 놀음의 소망이라 할까요. 어디까지나 희망 사항일 뿐입니다. 현실은 그렇게 살도록 내버려두지 않기 때문입니다. 도피처가 없습니다. 보통 사람들에겐 현실과 냉담하게 거리를 두고 사는 것도 쉽지 않습니다. 그래서 도시에서 평범하게 살기로 작정했습니다.

이 노래와 같이 사는 것은 얼핏 보면 자연과 벗하며 욕심 없이 사는 것처럼 보이지만, 지나치면 현실과 무관한 보신주의로 흐를 수 있습니다. 내 이웃이야 어떻게 되든 말든, 인간들의 삶의 조건이 어떻게 되든 상관없이 나만 유유자적 신선처럼 살자는 것과 통합니다. 아니면 이렇게 저렇게 하다가 안 되니까 숨어서 소극적으로 사는, 패배자의 현실 도피 같은 노래로도 들릴 수 있습니다. 그러니 내가 신선이 되거나 이 세상의 진리를 모두 깨닫는다 해도 무슨 소용이 있겠습니까?

그러나 이러한 것은 세속적인 욕망을 채우기 위해 돈이나 권력을 지향하는 것과는 거리가 멉니다. 나름대로 정신적 자유를 만끽하면서 세상에 신선함을 던져줄 수도 있습니다. 적어도 남에게 누를 끼치거나 해로움을 던져주지는 않습니다.

꿈의 발견

어렸을 때의 꿈은 참으로 중요합니다. 그런데도 대부분 부모의 강요나 당시에 인기 있는 직업을 꿈으로 가지는 것이 대부분입니다. 꿈은 금방 발견되기도 하지만 좀처럼 발견되지도 않습니다. 필자의 생각으로는 고등학교 졸업할 때까지만이라도 꿈을 제대로 발견하기만 한다면, 참으로 다행이라 생각합니다. 많은 대학생들이 그 나이에도 방향을 잡지 못하고 우왕좌왕합니다. 부모의 강요로, 때로는 자신의 소질과 적성을 아직 발견하지 못해서 말입니다. 그래서 고등학교까지의 교육이 입시를 위한 학원으로 전락하지 말고, 청소년들이 정말 자신의 소질과 적성이 무엇인지 열심히 탐구하는 기간이 되었으면 좋겠습니다. 공부는 대학에 들어가서 해도 늦지 않습니다. 정작 대학에 들어가서 무엇을 공부할지 어떻게 공부할지 망설인다면 참으로 딱한 일이지요.

공자는 열다섯 살에 배우는 것에 뜻을 두었다고 합니다. 그리고 서른 살이 되어서 홀로 서기를 했고요. 사십이 되어서는 흔들리지 않았고, 오십이 되어서는 자신의 운명과 한계를 알았다고 합니다. 공자가 위대하게 된 것은 그야말로 배워서 된 것입니다. 공자는 '나만큼 배우기를 좋아하는 사람 나와보라'고 말합니다.

양명학의 창시자인 중국 명나라 때의 왕수인은 서당 선생께 이상한 질문을 했습니다.

"세상에서 무슨 일을 하는 것이 최고라고 할 수 있습니까?"

서당 선생이 말하였습니다.

"과거에 합격하여 벼슬이 높아지고 어버이의 이름을 세상에 떨쳐 부모를 높이는 것이라면 최고의 일이지."

"과거에 합격하여 벼슬이 높아지는 사람은 세상에 많이 있는데, 어찌 최고의 일이라 할 수 있습니까?"

"그렇다면 너는 무슨 일이 최고라고 생각하느냐?"

"오직 독서하고 배워 성인(聖人)이 되는 것이 최고라고 생각합니다."

"네가 성인이 되려고 한다고?"

이렇듯 남이 비웃을 정도로 그는 뜻을 크게 세웠던 것입니다. 그래서 한 학파의 시조(始祖)가 되었고 또 한 시대의 정신을 이끄는 사상가가 되었으며, 군사전략가, 관리, 교육자가 되었던 것입니다.

자유인

앞의 세 친구 이야기에서 마지막 친구는 신선이 되었으므로 여러모로 자유롭게 살았을 것입니다. 그러나 신선의 세계에도 나름대로의 규칙과 규율이 있으므로 진정한 자유인이었는지는 확실하지 않습니다.

자유라는 말은 상당히 복잡한 말입니다. 철학적 · 정치적 · 법률적 분석이 필요한 말입니다. 여기서는 단지 어떤 것에 구속되거나 얽매이지 않는 정신적 측면만 가지고 말해보지요.

앞에서 설명한 노자나 장자는 정신적 자유를 만끽했다고 말할 수 있습니다. 특히 장자는 정신적 자유의 첨단을 걷고 있습니다. 오늘날 가장 많은 자유가 필요한 직업이 있다면 단연코 예술가 집단이 아닌가 생각됩니다. 예술가는 자유로운 상상력으로 먹고사는 직업이니까요. 그래서 노장 사상은 동양 예술사에서 떼려야 뗄 수 없는 핵심적 이론이 되고 있습니다.

그럼 자유는 예술가의 전유물인가요? 그렇지는 않습니다. 누구에게나 필요한 것입니다. 많은 사람들은 자신이 적어도 정신적으로 누구의 노예가 되고 있다는 사실조차 모르고 살아가고 있기 때문에, 그런 자유의 필요성을 느끼지 못하고 있습니다.

필자도 자유를 위하여 오랫동안 믿었던 종교를 버렸습니다. 그 종교가 나를 정신적으로 해방시켜준 것이 아니라 오히려 짐이 되었으니까요. 인간이 비록 나약하지만, 신 앞에 죄인처럼 머리를 숙이거나 노예처럼 행동한다는 것은 참을 수 없었습니다. 그 종교를 만든 교주도 그런 비굴한 인간으로 영원히 남기를 바라지는 않았을 것이라는 게 제 생각입니다. 인간의 생각과 의식은 자라거든요. 더 자라서 신과 하나가 되는 데까지 갈 수도 있거든요.

그런데 인간이니 안 된다? 그게 말이 됩니까? 그보다 신이 있다면 신은 지극히 합리적이어야 한다고 생각합니다. 설령 전지전능한 능력을 갖고 있다 하더라도 내가 바라는 신은 인간을 바라보는 태도가 공평하고 합리적이어야 한다 이 말입니다. 그렇지 않은 신은 우리 인간보다 못한 신입니다. 적어도 정신적 수준에서는 그렇습니다. 신은 인간보다 똑똑하고 도덕적이어야 합니다.

또 하나 종교를 버린 이유는 학문의 자유 때문입니다. 신학자가 통역한 신을 믿는다는 게 뭔가 미심쩍었습니다. 결국 종교란 인간이 만든 것이고 믿음이란, 존재한다고 믿는 신에 대한 인간 자신의 신앙 고백이라고 생각하게 되었습니다. 신앙의 눈으로 세상을 볼 경우 어쩌면 오히려 세상을 올바르게 보지 못할 수도 있다는 두려움 때문에 더 이상 종교가 필요하지 않았던 것입니다. 세상을 바로 탐구하기 위해서 말입니다.

도피처

필자는 청년들이나 어린 학생들에게 신선 사상이나 노장 사상대로 살 것을 권하지는 않습니다. 꿈을 이루기 위해 노력하다가 또는 입시 공부에 시달리다가 삶의 목표를 포기할 수도 있기 때문입니다.

자, 보세요. 이렇게 생각할 수도 있다는 것입니다.

'그래, 공부가 인생의 전부는 아니지. 공부란 알고 보면 돈이나 명예나 권력을 획득하기 위한 수단이야. 그런 것이 인생의 본질이 될 수는 없는 일이지. 인간이란 욕심 없이 자연과 벗하며 살아야 돼.'

이쯤 되면 자신이 하는 공부나 노력이 의미가 없어보이기 시작합니다.

'인간에게 돈이 많아야 꼭 행복한 것은 아니야. 행복이란 자신의 마음먹기에 달려 있어. 그렇게 쉴 틈 없이 아등바등 헤맬 필요가 없지. 난 편하고 자연스럽게 살련다.'

이렇게 생각하며 자신이 하던 일을 포기할 수도 있다는 것입니다. 신선 사상이나 노장 사상은 도피처가 아닙니다. 청소년이나 청년이 처음부터 이렇게 살려고 노력하는 것은 옳지 못합니다. 나중에 그렇게 살더라도 우선은 알아야 합니다. 청소년의 앎이란 어쩌면 보잘것없습니다. 이 세상에는 알아야 할 것이 무척 많습니다. 직업을 얻기 위해서나 돈을 벌기 위해서도 앎이 필요하지만, 남을 돕거나 아니면 돈이나 권력을 피해 자연과 더불어 숨어살기 위해서도 앎은 필요합니다.

　노자나 장자가 앎과 기존의 가치를 버리고 살라고 한 것은 이미 자신들이 그런 앎이나 가치를 알고 있다는 증거입니다. 사람이 아무리 무지한 상태에서 순진하게 살 수 있다 하더라도, 세상이나 주변 사물에 대한 앎이 없이 살아가기는 힘듭니다.

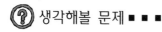 생각해볼 문제 ■ ■ ■

[1] 개인적 안위와 장생불사를 위해 속세를 초월해 사는 사람이, 세속적 욕망이 가득한 친구를 과연 비난할 수 있을까요? 그 근거를 밝혀보세요.

[2] 욕망을 버리고 세상과 무관한 채 소박하게 사는 것이 나름대로 현대 문명에서의 새로운 대안적인 삶일까요, 아니면 현실에서 도피하는 삶일 까요?

[3] 꿈은 꼭 커야 하고 또 남을 위한 것이어야 합니까? 자신의 행복을 위해 좀 세속적인 꿈을 꾸면 안 됩니까?

다섯째 마당

부처의 덕망

세속적 문제를 종교가 해결할 수 있나?

부처의 덕망

① 내금강 표훈사(表訓寺)에 '나옹(懶翁)'이라는 스님이 있었습니다.

한평생을 돌부처 모양으로 절간에만 들어박혀 살아온 그는 염불만 줄줄 외워댈 줄 알았지, 세상 돌아가는 형편이라고는 영 모르는 가련한 바보였습니다.

세월이 흘러 나이를 먹고 늙게 되자 나옹은 제 딴에 자기가 살아온 지난 일을 돌이켜볼 때가 되었다고 생각하였습니다. 그래서 이제는 할 일을 다했으니 마지막으로 세상 구경이나 해보자며 사람들이 사는 마을로 내려왔습니다.

그가 어느 한 마을에 이르러 보니 산촌의 풍치가 아름답고 그윽한 정서가 넘치는지라 스스로 기분을 돋우며, 여기도 부처의 뜻이 미쳐 사람들이 모두 불화를 모르고 잘 살고 있구나 하고 생각하였습니다.

　나옹이 담장을 높이 둘러친 어느 집 대문 앞을 지나고 있을 때였습니다. 담장 안에서 갑자기 떠들썩하는 소리가 울려나왔습니다. 웬 일인가 하여 대문을 열고 들어가보니 양반이 열두셋이나 되었을 어린아이한테 심한 매질을 하고 있었습니다.

　나옹이 어찌 된 일인가 물으니, 그 애의 아버지가 이 집에서 종살이를 하다가 많은 빚을 남겨놓고 죽었는데, 아들인 이 아이가 빚도 갚지 않고 도망치려고 하기 때문에 매질을 하는 거라고 하였습니다.

　그날 나옹은 또 한 가지 놀라운 일을 목격하게 되었습니다.

　나옹이 어느 골목길을 걸어가고 있는데, 갑자기 투닥투닥 발자국 소리가 나고 여기저기서 "잡아라!", "죽여라!" 하는 고함소리가 어지럽게 들려왔습니다.

　나옹이 놀라 소리 나는 곳으로 달려가 보니 나졸들이 웬 젊은 사람 하나를 붙들고 사정없이 때리고 있었습니다. 알고 보니 그가 도적이라는 것이었습니다. 하지만 젊은이는, 매를 맞으면서도 자기는 절대로 도적이 아니라고 뻗대고 있었습니다.

　'왜 세상이 이렇게 소란스러운가. 부처의 뜻은 사람들이 악한 일을 하지 말고 선한 일만 하라고 가르치고 있는데, 세상은 오히려 그 반대로 되고 있으니 아마도 내가 할 일을 다 못해서 그런가보다.'

　이렇게 생각한 나옹은 세상 구경을 단념하고 절간으로 다시 돌아왔습니다. 그리고는 그만하면 할 일을 다 했노라고 자처했던 자신을 뉘우치고 무엇인가 큰일을 더 해야겠다고 마음먹었습니다. 두루두루 궁리하던 끝에 나옹은 사람들의 발길이 잦은 길목에 큰부처를 하나 세우기로 하였습니다. 부처의 자비를 사람들에게 더 널리 알려주자는 생각에서였습니다.

다음날부터 나옹은 석공과 목수들을 사들여 길목에 부처를 크게 세우게 하고, 그 뒤에는 절을 하나 짓도록 하였습니다.

얼마 후에 부처와 절이 완공되었습니다.

나옹은 다 다듬어진 부처의 이름을 '묘길상'이라 이름짓고, 절의 이름은 '묘길상암'이라고 붙였습니다. 그리고 나서 이제는 부처의 뜻이 더 멀리 퍼지게 되었으니 사람들이 모두 그 뜻을 받들 수 있게 되었다며 몹시 기뻐하였습니다.

하지만, 웬 일인지 부처를 찾는 사람들은 많지 않았습니다.

얼마 후 나옹은 늙어서 죽고, 그의 제자들도 묘길상암을 하나 둘 떠나버리고 말았습니다.

그런데 '운종'이라는 중 한 사람만은 마지막까지 남아 있었습니다. 그는 나옹의 말대로, 부처만 잘 믿으면 잘살게 되리라고 찰떡같이 믿고 있었기 때문이었습니다.

그러나 아무리 부처를 믿어도 잘살기는커녕 굶주림마저 면할 수 없었고, 추운 겨울에는 도저히 참을 길 없는 냉방에서 한기를 느끼며 지내야 했습니다.

운종은 차라리 중 놀음이고 뭐고 다 집어치운 채, 어떻게 하면 좀 잘살아볼 수 없을까 하여 염불 외우기도 그만두고 자기한테 재산이 많이 생기게 해달라고 빌었습니다.

이렇게 하기를 몇 달이나 거듭했더니 어느 날 부처가 금덩이처럼 보였습니다.

운종은 너무 좋아 부처의 무릎을 크게 한 덩어리 따서 들고 장으로 갔습니다. 그런데 장에 가지고 가서 팔려고 하니 금이 아니라 보통 돌이었습니다.

마침내 화가 치밀어 오른 운종은, 아무리 열심히 빌어도 은혜를 모르는 놈은 바로 부처 네 놈이구나 하고 소리를 지르고는 절을 뛰쳐나오고 말았습니다.

나옹이 애써 세워놓은 부처는 제 무릎까지 떼인 채 한적한 산골짜기에 홀로 남아 버림을 받게 되었습니다.

(권정생 · 이현주 엮음, 『남북 어린이가 함께 보는 전래 동화』, 사계절, 1994)

조선 불교의 초석을 다진 나옹

이 이야기의 내용과는 다르지만, 실제 나옹(懶翁)이라는 스님이 살았습니다. 법명은 혜근(惠勤)으로 고려말의 고승인데, 무학대사의 스승이기도 합니다. 성은 아(牙)씨며 속명은 원혜(元惠), 나옹은 호입니다. 21세 때 친구의 죽음을 보고는 인생 무상을 느껴 공덕산 묘적암에 있는 요연선사를 찾아가 출가합니다. 그는 전국의 이름 있는 사찰을 돌아다니며 정진하다가 양주 천보산 회암사에서 크게 깨닫습니다. 물론 이야기처럼 금강산에 있는 절에 간 적도 있었습니다.

그런데 원래의 회암사는, 인도의 승려 지공이 그곳의 지형이 인도의 아란타사와 아주 닮았다고 하여 나옹이 세웠는데 지금 없어졌습니다. 20년쯤 전에 필자가 친구와 함께 회암사 터를 찾아가본 적이 있는데, 주춧돌 놓인 위치로 보아 당시 이 절의 규모가 얼마나 컸는지 짐작할 수 있었습니다. 대웅전이 있던 자리의 주춧돌만 해도 무려 532개이고 절터가 266칸이며 승려 수만 해도 3000명에 이르렀다고 합니다. 여기에는 조선을 건국하는 데 일조한 그의 제자 무학대사의 비와 회암사를 세우게 한 지공선사의 부도도 남아 있습니다. 그리고 절터 뒤에 나중에 세운 지금의 회암사가 있습니다.

나옹은 이후 이 절의 주지가 됩니다. 그는 보우 스님과 함께 부패한 고려말 불교에 새로운 바람을 불러일으켰으며 조선 불교의 초석을 다진 인물로 알려져 있습니다. 그리고 그에 의하여 고려말에 선풍(禪風)이 크게 선양되었다고 합니다.

또한 나옹은 적극적인 사회 참여를 펼쳤으며, '염불이 곧 참선'이라는 주장을 하기도 했습니다. 그래서 우리가 읽은 이야기 속에서도 그의 '염불'과 '사회 참여'에 대해 민담을 만든 사람들의 비판적 의식이 깔려 있습니다. 그리하여 이야기에서는 그것을 비판적 각도로 바라보고 있습니다. 아마도 불교를 배척하는 유교적 사고에 젖은 사람들이 이 이야기를 만들었지 않았나 생각됩니다.

이야기에 등장한 나옹이 민중의 가련한 모습을 본 뒤에 사회 문제에 관심을 보인 참여적 태도는 그에 대한 설화에도 보입니다. 가난해서 나라에 세금을 내지 못하던 그의 어머니가 관가에 끌려가던 도중에 그를 낳았다고 합니다. 무도한 관원들은 아이를 내버려둔 채 어머니를 끌고 갔다고 합니다. 이렇게 버림받은 아이는 날짐승들이 날아와 날개로 덮어주어 살아났다고 합니다.

이런 모습은 이 이야기에도 반영되어 있습니다. 부잣집에서 어린아이가 매를 맞는 모습을 보고 나옹이 세상을 위해 큰일을 하겠다고 마음먹는 장면이 그것입니다.

나옹은 나중에 밀양으로 가다가 경기도 여주에 있는 신륵사에서 입적합니다. 신륵사 조사당 불단 뒷벽 중앙에는 나옹, 오른편에는 무학, 왼편에는 지공의 영정이 있습니다. 고려말 학자 이색이 글을 지어 세운 그의 부도는 지금도 신륵사와 회암사에 남아 있습니다. 그의 제자가 2000명이나 되는 것만 보더라도 그가 어떤 인물인지 알고도 남으며, 저서로는『나옹화상어록』1권과『가송』이 전하고 있습니다.

표훈사

이 이야기에 나오는 표훈사(表訓寺)는 실제로 있는 절입니다. 강원도 회양군 내금강면 장연리 금강산 만폭동에 있는 절 이름입니다. 서기 598년에 신라의 관륵이 융운과 함께 창건하였고, 675년에 표훈·능인·신림 등이 중창하였으며, 그 뒤 고려시대에 또다시 중창되었습니다. 1424년 세종 때 예조의 조사에 의하면, 이 절은 승려 150명이 거주하였던 큰절이었으나 그 뒤로 절에 대한 역사는 전해지지 않고 있습니다.

중요 문화재로는 몽산화상의 가사(袈裟)와 나옹화상의 사리, 야보전 앞에 53불을 모신 철탑이 있었으나, 일제 강점기에 일본군에 의하여 강탈당하고 말았습니다. 또 경내의 수충영각은 서산대사와 사명대사를 비롯하여 고려말 명승 지공선사와 나옹선사의 진영(초상화)을 봉안하였던 곳입니다.

묘길상암

묘길상암(妙吉祥庵)도 표훈사가 있던 강원도 회양군 내금강면 장연리의 금강산 마하연 동쪽에 있던 절입니다. 원래 신라때 창건하였고 고려말에 나옹이 중창하였으며 조선시대 때 폐허로 변해버리고 말았습니다. 그러니까 우리가 읽은 이야기에서 나옹이 묘길상암을 지었다는 것은 예전에 있던 자리에 그가 다시 절을 지은 것을 말합니다. 조선시대 때 폐허가 되었다는 것은 우리가 읽은 이야기 속에도 등장합니다.

여기서 '묘길상'이란 지혜를 상징하는 문수보살의 다른 이름입니다. 현재의 절터는 금강산 중향성이 끝나는 부근에 있고, 절터 옆에는 바위를 깎아 새긴 마애여래좌상이 있습니다. 이 마애여래좌상은 고려말 나옹선사가 직접 조각했다고 전합니다. 바로 우리가 읽은 이야기에 나오는 나옹이 '묘길상'이라고 이름지은 부처입니다. 이 불상의 이름에 대해서는 '미륵불'이라는 설과 '비로자나불'이라는 설이 있습니다. 국학자 최남선은 비로자나불이라고 주장하였는데, 그에 따르면 이 불상이 비로봉 아래 특히 금강산의 심장부에 있었기 때문에 『화엄경』에 근거하여 살펴볼 때 비로자나불이 있어야 할 곳이라고 하였습니다. 그리고 이 부처 옆에는 '묘길상(妙吉祥)'이라는 글씨가 새겨져 있으며 뒤쪽 평지에는 옛 절터가 남아 있습니다.

불교 비판

이 이야기는 실제 있었던 혜근선사(나옹)를 등장시키고, 또 금강산에 실존했던 유적과 유물을 배경으로 하여 구성한 한 것입니다. 실존한 인물과 배경을 반영시켰지만, 사건은 나옹선사가 행했던 것과는 다른 것 같습니다. 그러나 실은 나옹선사가 주장했거나 문제시했던 내용을 근거로 하고 있습니다.

이 이야기의 내용을 음미해보면 불교에 대한 유학자의 강한 비판 의식이 들어 있습니다. 불교에 대한 비판은『불씨잡변』을 쓴 정도전뿐만 아니라 고려말 신진 유학자들에 의하여 많이 이루어졌습니다.

그럼에도 불구하고 조선 초기만 해도 불교는 왕실의 보호를 받으며 굳건히 맥을 이어오고 있습니다. 태조 이성계도 왕위를 물려주고 여생을 회암사에서 보냈으며, 태종의 둘째아들인 효령대군도 회암사에 머물렀던 적이 있습니다.

조선이 점차 기틀이 잡히자 억불 정책으로 굳어지면서 불교에 대한 비판적 입장도 강화되었습니다. 그래서 태조의 스승인 무학대사의 스승 나옹선사를 희화(戲畵)화시킴으로써 불교를 민중들로부터 효과적으로 멀어지게 만들었지 않았나 생각됩니다. 그러니까 나옹선사의 '염불이 곧 참선'이라는 주장과 '사회 참여'라는 행위에 대해 비판하고 있는데, 그 구체적인 비판의 근거를 들면 다음과 같은 대목을 통해서입니다.

— 한평생을 돌부처 모양으로 절간에만 들어박혀 살아온 그는 염불만 줄줄 외워댈 줄 알았지, 세상 돌아가는 형편이라고는 영 모르는 가련한 바보였습니다.

— '왜 세상이 이렇게 소란스러운가. 부처의 뜻은 사람들이 악한 일을 하지 말고 선한 일만 하라고 가르치고 있는데, 세상은 오히려 그 반대로 되고 있으니 아마도 내가 할 일을 다 못해서

그런가보다.'

따라서 나옹의 주장을 중심으로 이야기를 구성하면서, 그것이 얼마나 비현실적인가를 역설적으로 보여주고 있는 셈입니다.

물론 무턱대고 배척한 것은 아닙니다. 성리학적으로 세련된 논리를 가지고 비판하고 있습니다. 노골적으로 드러내지는 않았지만, 문학적 장치를 통하여 아주 아름답게 표현하고 있는 것입니다. 이처럼 자연스럽게 불교를 비판하는 것은 참으로 보기 드뭅니다. 어차피 민중들에게 이론적으로 비판해보았자 이해하지 못하니까요. 가장 효과적인 방법은 이처럼 이야기로 만들어 들려주는 것입니다. 오늘날의 대중들이 어려운 논리나 철학은 잘 이해하지 못해도 그것을 드라마나 영화로 만들면 쉽게 빠져들면서 잘 이해하는 모습과 같은 현상입니다.

나옹의 문제 의식과 해결 방법

앞서 밝혔듯이, 나옹선사는 고려말 불교를 진흥시키는 데 큰 공을 세운 고승으로, 불교의 적극적인 사회 참여와 '염불이 곧 참선'이라는 주장을 펼쳤습니다. 이 이야기에서도 그것이 반영되어 있는데, 가령 죽은 아비 대신 매를 맞는 아이를 보면서, 또 도둑으로 누명을 쓴 젊은이를 보면서 세상의 부조리에 대하여 문제 의식을 갖게 됩니다.

그런데 그 문제 의식의 본질이 무엇이냐 하면 불제자로서 자신이 할 일을 다 못해서 그런 것으로 이해하고 있습니다. 다시 말해 세속의 부조리한 문제가 종교인의 책임이라는 사실을 통감하고 있다는 것입니다.

그리고 이를 해결하는 방법은, 사람들의 발길이 잦은 길목에 큰부처를 하나 세움으로써 부처의 자비를 사람들이 널리 받들게 하는 것이라고 생각합니다. 다시 말하면 종교적인 가치를 세상에 널리 알리면 사람들이 그것을 믿고 따르게 되어 좋은 세상이 된다는 것입니다.

그러나 그 결과는 자신의 의도와는 정반대의 방향으로 가고 맙니다. 그 절에 있던 그의 제자들은 모두 떠나고, 마지막으로 그의 가르침을 받들던 운종이라는 중도 굶주림과 추위를 이기지 못해 세속적인 욕망을 채우려는 목적으로 기도를 했지만, 결국 그것마저도 이루지 못하여 불교를 버리고 떠나는 것으로 이야기가 끝납니다.

세속 문제를 종교가 해결할 수 있나?

정도전의 『불씨잡변』과 견줄 수 있는 이 이야기를 만든 주체를 직접 알 수는 없습니다. 아마도 불교에 대한 고도의 비판 의식을 가진 사람이 아니었나 생각됩니다. 비판적 태도가 유학 특히 성리학적 세계관과 관련되어 있지만, 표면적으로 전혀 드러나 있지 않습니다. 그러나 그 깊은 내용에는 종교적 방식이 세상의 온갖 부조리를 해결하는 데 과연 효과가 있느냐에 대한 강한 문제 의식을 갖고 있고, 나아가 그런 식으로는 문제가 전혀 해결되지 않는다고 결론을 도출해내고 있습니다.

다시 말해 불교적 실천 방식, 좀더 자세히 말한다면 염불을 열심히 외운다든지 부처를 지극 정성으로 모신다고 해서, 그 가르침이 저절로 널리 알려져 세상의 문제가 해결되지 않는다는 것입니다. 아니 불교의 가르침을 세상 사람들에게 전할 수 있다고 생각하는 것 자체가 불가능한 것으로 치부되고 있습니다. 종교인들이 종교를 통해 세상을 구원할 수 있다고 보고 그것을 자신의 소임으로 알고 행동하는 것 자체가 우스꽝스러운 것으로 보고 있는 것입니다.

사실 불교의 진리를 세상 사람들이 알게 하는 것은 쉽지 않습니다. 불교는 신께 빌어서 어떤 문제를 해결하는 것이 아니라 자신의 마음을 바꾸어, 다시 말해 수행을 통하여 진리를 깨닫고 중생을 구제하는 것이기 때문에, 민중이 그렇게 되기에는 사실상 불가능한 것입니다. 그것이 안 되기 때문에 포교의 방편으로 행하는 각종 의식이나 조형물들이 있지만, 이 또한 중생을 완전히 구제하는 데는 역부족입니다. 인생이란 수많은 문제가 난마처럼 얽혀 있어서 그 어떠한 종교나 철학 이론으로도 해결하기 어렵기 때문입니다. 특히 불법(佛法)으로 그것이 가능하다고 믿는 자체가 어리석다는 것을 보여주고 있습니다.

백날 빌어야 무슨 소용?

사람들은 부처에게 많이 빕니다. 오늘날도 그렇습니다. 그러나 이 이야기에서는 그것들이 다 헛된 것이고 이루어지지도 않는다고 봅니다. 다시 말해 인간의 문제를 해결해주는 전지전능한 신은 없다고 말하는 것이지요. 또 비는 내용이 자신의 욕심과 관계되는 것이라면 더욱 이루어질 수 없습니다.

문제 해결의 열쇠는 신에게 있는 것이 아니라 바로 인간의 손에 있다는 것입니다. 따라서 세속적 문제는 신에게 빌어서 해결되지 않는다는 것입니다. 많은 사람들이 신에게 빌어서 문제를 해결하고자 하는 것은 대개 자신의 욕망입니다. 이른바 기복(祈福) 신앙입니다. 신에게 빌어 화를 피하고 복을 받자는 것이지요. 지금도 복을 빌기 위해 종교에 귀의하는 사람은 많습니다. 그래서 열심히 자신이 원하는 것을 신에게 빌어봅니다. 이 이야기의 끝에서도 그런 모습이 보입니다.

그러나 빌어서 안 되니까 모든 것을 팽개치고 떠나버리는 모습에서 문제의 새로운 해결 방식이 엿보입니다. 바로 이야기를 만든 사람의 의도가 보이는 곳이지요.

'신은 없다. 따라서 빌어서 문제가 해결되지 않는다. 그렇다면 어찌하랴? 별 수 없이 문제를 떠안고 살든지, 아니면 네가 세상에 나가서 직접 해결하라.' 뭐 이런 논리가 아니겠습니까?

세속과 야합한 종교, 결코 세상 구원할 수 없다

세속에 물든 종교가 현실 문제를 해결할 수 없다고 보는 것은 다음과 같은 이유 때문일 것입니다. 대개 종교는 영혼불멸설을 염두에 두고 내세에 더 큰 가치를 부여합니다. 참세상은 내세에 있고 현실은 부조리하기 때문에 현실을 바로 보는 안목이 왜곡될 수 있다는 점입니다. 곧, 현실은 내세를 준비하는 곳이니 현실 자체의 문제를 제대로 보고 해결할 수 없다는 생각이지요.

또 대개의 종교가 그렇듯이, 인간은 수행을 통하여 자신의 욕망을 줄임으로써 신(부처)에게 가까이 접근하는 것입니다. 그런데 세속에 속한 대다수 사람들은 그렇게 하기가 매우 어렵습니다. 그러한 괴리가 있기 때문에 일반 사람들을 참다운 종교인으로 만든다는 데는 한계가 있습니다.

그런 이유 때문에 세속적 인간을 종교로 쉽게 끌어들이기 위하여 미신과 결탁한 여러 가지 의식이나 가시적인 조형물 또는 쉬운 이론으로 안내합니다. 대다수 민중들은 달은 보지 못하고 그것을 가리키는 손가락을 보면서 종교의 본질인양 믿고 따릅니다. 자신의 욕망과 종교 의식과 왜곡된 종교 이론이 뒤섞인 채 말입니다. 이미 그렇게 되었다면 이들을 통하여 세상의 부조리가 없어지리라고 기대하는 것은 우물가에서 숭늉 찾는 만큼이나 어리석은 일이겠지요. 세속과 야합한 종교로는 결코 세상을 구원할 수 없습니다.

앞의 이야기에서 사건을 이렇게 전개한 의도는 불교적 의식이나 의도를 가지고 세상의 문제를 해결할 수 없다는 생각을 강조하는 데 있습니다. 현실 문제는 현실 참여를 통하여 해결해야 한다는 점을 알려주고 있는 것입니다.

다시 말해, 백성들에게 땅이 골고루 돌아가게 하고, 그들을 가르쳐서 풍속을 아름답게 만들며, 생업에 몰두하게 하여 살림을 넉넉하게 하고, 그럼으로써 부모와 처자를 잘 봉양하고 양육하여 잘 다스려지는 나라로 만들어야 한다는 생각이 이야기의 행간에 들어 있습니다. 그것을 이루기 위해서는 우선 백성들을 가르쳐야 하는데, 그 내용이란 사람다움과 의리와 오륜이 아니었을까요? 부모를 버리고 형제자매와 인연을 끊고 속세를 떠나 산속에 숨어 염불하고 기도하여 세상이 달라지기를 바라는 것과는 접근 방식이 완전히 다르지요.

③

정도전

정도전(鄭道傳)은 고려말과 조선 초를 거쳐 활동한 학자이자 정치가입니다. 그의 호는 삼봉(三峯)인데, 그가 태어난 곳인 충청북도 단양의 팔경 가운데 하나인 도담삼봉에서 따온 것으로, 일설에는 그가 이 세 봉우리의 중앙에 정자를 짓고 이따금 찾아와 경치를 즐겼다고 합니다.

조선은 정도전에 의하여 탄생하였다고 해도 과언이 아닙니다. 『조선경국전(朝鮮經國典)』, 즉 '조선이라는 나라를 다스리는 법전'이라는 책을 저술하여 이론적으로 조선 건국을 완성한 사람이니까요.

여기서 정도전을 거론한 것은 앞에서 읽은 이야기의 주제와 그의 활동이 상관 있기 때문입니다. 그는 여러 책을 저술하였는데 그 가운데 앞에서 말한 『불씨잡변』이라는 책을 통하여 불교를 이론적으로 비판하였습니다. 고려말에 많은 유학자들이 한결같이 불교를 비판하였지만, 정도전처럼 이론적으로 비판한 학자는 거의 없습니다.

그런데 왜 이처럼 유학자들이 불교를 비판하였을까요? 고려는 불교 국가였습니다. 초기부터 불교를 숭상하여 왔습니다. 그렇다고 유교나 도교가 배제된 것은 아니었습니다. 정치 제도나 교육 제도에서는 유교가, 민간 신앙이나 국가 행사에서는 도교가 일정한 영향을 미치고 있었지만, 유독 불교는 국가의 대대적인 보호를 받는 가운데 사원과 승려들이 큰 특혜를 누렸다고 말할 수 있습니다.

고려말이 되자 사회의 모순이 점차 커지면서 각종 부조리가 나타나게 됩니다. 우리가 역사 시간에 배웠듯이 고려말이 되면 경제적으로 부호들이 많은 토지를 점유하면서 큰 장원(莊園)을 형성하게 됩니다. 불교도 예외는 아닙니다. 사찰에 속한 땅과 노비를 거느리며 고리 대금으로 부를 축적하게 됩니다. 곧, 사회적 부가 일부 가진 사람들의 손에 집중되자 백성들의 삶은 피폐하게 되었습니다. 이런 모습은 당시 유학자, 즉 신진 사대부들이 볼 때 불교의 원래 정신과 멀어진 것입니다. 당시 신진 사대부들은 지방 중소 지주들이었던 터라 대토지를 소유한 중앙 구귀족과 대립하지 않을 수 없었습니다. 그래서 그들이 이론적으로 보호를 받던 불교를 비판하지 않을 수 없었던 것입니다. 그리고 그 신진 사대부의 대표적인 사람이 바로 정도전이었습니다.

이 『전래 동화 속의 철학』 시리즈 2권에 소개된 「둔촌 선생과 최사간」 이야기에서 둔촌 이집(李集) 선생도 바로 신진 사대부였는데, 그가 공민왕 때의 승려이자 정치가인 신돈을 비판하다가 아버지를 업고 피난하는 내용도 바로 이 부분과 일맥상통합니다.

전래 동화는 우리의 산 역사

이 신진 사대부들의 철학적 무기는 유학의 한 갈래인 성리학이었습니다. 그러니까 사상적으로 말한다면 성리학과 불교의 이론 투쟁을 통하여 조선이 건국되었다고 보면 되겠습니다. 비단 성리학과 불교만이 아니라 성리학과 도교의 투쟁도 보입니다. 우리가 앞에서 읽은 「세 글동무」 이야기의 일부에서도 유교적인 입신양명 사상과 도교적인 신선 사상의 투쟁이 들어 있습니다.

그러니까 유교·불교·도교는 우리 역사상 가장 중요한 세 종교인 동시에 학문이라고 할 수 있습니다. 물론 우리 고유의 사상이 없었던 것은 아닙니다. 그것은 도교 속에 반영되어 면면이 내려오고 있었지요. 이러한 사상이나 종교는 서로 대립하고 투쟁하면서 때로는 협력하면서 발전해왔습니다.

이 책의 첫 번째 이야기 「자기를 도둑맞은 도령」과 두 번째 이야기 「구경 못하고 죽은 어머니」는 불교의 주장이, 네 번째 이야기 「세 글동무」는 도교의 주장이, 세 번째 이야기 「개와 고양이」와 다섯 번째 이야기 「부처의 덕망」은 유교의 주장이 각각 스며들어 반영된 이야기입니다.

이처럼 전래 동화 속에는 우리의 살아 있는 역사가 들어 있습니다. 전래 동화의 원형은 민담(民譚)입니다. 민담은 실제 있었거나 당시 바라던 염원을 민중들의 수준에 맞게 각색되거나 상징적으로 꾸며져 전승되어 왔습니다. 그 민담을 아이들의 수준에 맞게 전승된 것이 전래 동화입니다. 그러니까 전래 동화 속에 민담이 고스란히 녹아 있다고 보면 되겠지요.

어떤 동화 연구가들은 전래 동화가 아이들을 대상으로 하니까 심리학적으로만 이해하기도 합니다. 특히 정신분석학적으로 해석하지요. 그런 작업은 동화를 읽고 받아들이는 아이들의 심리를 분석하거나 동화의 효용성을 위해서 필요한 것입니다. 그러나 전래 동화의 어머니라 할 수 있는 민담의 성격과 내용을 해석하는 데에 이르러서는 자칫 오류를 범할 수 있습니다.

「심기리편(心氣理篇)」

우리의 전통 문화에 가장 많은 영향을 주었던 것을 말하라면 당연히 유교·불교·도교가 되겠지요. 이 셋은 서로 영향을 주고받으며 투쟁하고 협력하면서 발전해왔다고 말했습니다.

이제는 이것들이 이론적으로 어떻게 투쟁해왔는지 살펴볼 순서가 되었습니다. 정도전이 쓴 논문 「심기리편」을 통해 살펴보고자 합니다. 물론 정도전의 『불씨잡변』이라는 책에 불교에 대한 유교의 비판이 많이 들어 있지만, 이 「심기리편」에는 세 종교가 동시에 나오기 때문에 택하였습니다.

여기서 '심(心)'은 불교를 상징하고, '기(氣)'는 도교를 그리고 '리(理)'는 당연히 유교를 상징합니다. 이 심과 기와 리를 의인화시켜 서로 비판하는데, 심·기·리는 각기 불교와 도교와 유교의 핵심 개념에 속하는 단어입니다. 쉽게 말한다면 각 종교에서 보는 이 세상의 본질이나 수행 방법에서 추구해야 할 것이 바로 심(마음)과 기(물질) 그리고 리(원리)이기 때문입니다.

저자는 먼저 심으로 기를 꾸짖음으로써 불교가 도교를 비판하게 하고, 기가 심을 꾸짖음으로써 도교가 불교를 비판하게 한 뒤, 리는 심과 기를 깨우치게 한다고 하여 최종적으로 유교의 승리로 끝을 맺고 있습니다. 물론 필자가 이것을 소개하는 의도는 유교가 가장 낫다고 말하려는 것이 아닙니다. 단지 역사적으로 볼 때 그런 과정을 거쳐 발전해왔음을 보여주려고 합니다.

[심이 기를 꾸짖다]

무릇 이 세상에는 많은 것이 있는데, 오직 내(심)가 가장 신령하며 만물 가운데 홀로 서 있다. 내 몸은 고요하여 마치 거울이 비어 있는 것과 같다. 다른 사물에 따라 변하지 않으나 사물에 응하고 변하는 것이 무궁하다. 너(기) 때문에 땅과 물과 불과 바람이 잠시 사람의 형체를 이룬다. 그리고는 눈이 있어 색정을 밝히고 귀가 있어 음탕한 소리를 좋아한다. 그래서 선과 악이 나오지만, 이 또한 환상에 불과하며 참된 모습이 아니다. 그러니 그림자에만 매달려 이 같은 일이 끝없이 생겨나는 것이다. 고요한 나를 해치며 편안히 있지 못하게 하는 것은 바로 너 때문이다.

눈에 보이는 것을 끊고 욕심이 가득한 몸을 떠나 생각도 없고 감정도 잊고 고요히 깨어 있으면, 네가 비록 나를 움직이게 하여도 어찌 나의 밝음을 가릴 수 있을까?

[기가 심을 꾸짖다]

내(氣)가 오래 전부터 천지 만물보다 먼저 있어서 너무나 심원하고 아득하다. 자연히 참되고 스스로 있어서 뭐라고 이름을 붙일 수 없다. 만물이 처음 생겨날 때 무엇을 의지하여 태어나는가? 내가 모여서 형체가 되고 정기(精氣)가 생기지 않는가? 내가 만약 없다면 심(心) 네가 어떻게 어디에 붙어서 홀로 신령하게 있겠는가? 아! 심, 너에게 앎이 있으므로 모든 화의 싹이 거기서 나온다. 도달하거나 이룰 수 없는 것을 생각하고, 이익을 계산하여 얻으려 하며, 손해를 비교하여 피하려고 한다. 그 욕됨을 걱정하여 두려움에 빠지고 그 영화를 사모하여 요행을 바란다. 두렵기로는 차갑기가 얼음과 같고 화를 내면 불과 같이 치솟는다. 천 가지 만 가지 실마리가 가슴속에서 싸워 밤낮으로 그치지 않는다. 그래서 나(精神)를 끓어오르게 하고 쇠약하게 만드니 편안할 수가 없다.

나는 잘 길러지면 망령되이 움직이지 않는다. 사람의 마음속에서 마치 꽃이 피지 않은 고목이나 다 타버린 재와 같이 고요하다. 마음에는 생각함이 없고 몸이 하는 것도 없다. 진리의 오묘함을 체득하면, 너(心)의 지각이 비록 꿰뚫는다고 말하나 어찌 나를 해칠 수 있을까?

[리가 심과 기를 깨우치다]

아! 맑은 그 리(理)는 천지보다 먼저 있었으니 기(氣)는 나(理) 때문에 생겨났고, 심(心) 또한 리와 기를 가지고 생겨난 것이다. 심만 있고 내가 없으면 의리를 제쳐두고 이해 관계만 추구할 것이며, 기만 있고 내가 없으면 육체가 있으나 동물과 다름이 없을 것이다.

우물가에 엉금엉금 기어가는 어린아이를 보고 측은한 마음이 생겨 구해주는 것은 사람의 정(情)이고, 유자(儒者)들이 불교처럼 마음에 생각이 생기는 것을 두려워하지 않는 까닭이다.

마땅히 죽어야 할 때 죽으니 의리가 몸보다 소중하다. 그것이 군자가 살신성인하는 까닭이다. 성인은 우리와 천 년이나 먼 옛날에 있었고, 학문은 거짓된 것을 말하며 말은 어지러워졌다. 그래서 기가 진리가 되었고 심이 으뜸이 되었다. 의롭지 않아도 오래 살아 거북이나 뱀과 같다. 자는 듯이 앉아 있으니 흙에 나무를 꽂은 꼴이라.

내가 네 마음을 보존하면 맑고 환하기가 빈 듯이 밝으며, 내가 네 기를 배양하면 호연지기가 생길 것이다. 앞서 살았던 성인께서 가르치신 교훈에 '존중할 만한 진리에는 두 가지가 없다'고 하니, 그것이 심인가 기인가? 삼가 이 말을 접수하라.

비판의 의의

이상이 정도전의 「심기리편」 내용을 현대적으로 옮겨본 것입니다. 이 원문 내용은 유교와 불교, 노자, 장자의 원문을 인용한

탓에 대단히 압축되어 있고 긴 주석이 붙어 있습니다.

사실 비판 대상으로 거론된 불교의 심이나 도교의 기에 대한 개념이, 불교나 도교에서 말하는 심이나 기가 아니라는 것을 동양철학을 조금이라도 공부한 사람들은 쉽게 알아볼 수 있습니다. 그래서 개념 이해의 오류에 대하여 정도전을 재비판할 수도 있습니다. 가령 불교의 심이 성리학에서 순전히 사람의 마음을 가리켜서 말하는 심과 다르고, 도교의 기도 성리학에서 말하는 인간의 변덕스런 형기(形氣)를 말하는 것이 아니라 생명의 근원인 정기(精氣)를 말하기 때문입니다.

필자는 정도전이 그 사실을 모르고 이것을 썼을 것이라고는 생각하지 않습니다. 그의 의도는 완전히 다른 데 있었습니다. 곧, 시대적 이념으로서 생명을 다한 불교나 도교의 이론을 비판하고, 새로운 이념을 가지고 국가를 창건하기 위한 사상적·정치적 목적으로 이 일을 진행했다는 점입니다.

불교나 도교 입장에서는 말도 안 되는 논리이지만, 고도의 정치적 입장에서 나름대로 논리를 가지고 밀고 나가면, 불교나 도교를 잘 모르는 백성들은 따르기 마련입니다. 그러나 이런 모습이 정도전이 살았던 시대에만 있었다고 말하지는 마십시오.

오늘날도 이같이 정치적으로 내용을 호도하여 주장하는 단체나 기관이 엄연히 있습니다. 전문가들이 틀렸다고 반박해보았자 모기 소리보다 더 작게 들릴 뿐입니다. 전문가들의 진단에 귀를 기울이거나 알아들을 수 있는 사람들은 극소수이기 때문입니다. 그래서 말도 안 되는 그들의 논리가 먹혀들고, 각종 선거에서도 특별한 이슈가 없으면 이들의 목소리에 편성한 쪽이 이기게 됩니다.

그러나 이들은 정도전보다 훨씬 못합니다. 정도전은 적어도 새로운 나라를 확고히 세우기 위해서, 또 고려보다는 백성의 입장이 반영된 나라를 건립한다는 대의명분이 있었습니다. 그러나 오늘날의 그런 집단은 명분도 의리도 없습니다. 사회의 존립을 해치는 빈부 격차 문제나 민족의 커다란 과제인 통일 문제, 만연된 반칙 문화, 경쟁 속에서 몰락한 시민에 대하여 단지 경기가 안 좋다는 구실만 대고 애써 눈을 감습니다. 그들은 자신들의 기득권을 유지하기 위한 수단으로 그렇게 하는 것입니다. 그래서 일류가 아닌 이류들이 나라와 민족의 장래를 말아먹고 있는 것입니다.

절대 확신과 독단은 무지한 자의 특권

앞에서 읽은 이야기에서 나옹이 절에서 세상으로 나왔을 때 본 여러 가지 상황은 정의롭지 못한 사회의 한 단면입니다. 그래서 종교적 방식으로 그 문제를 해결해보고자 하였던 것입니다. 부처를 세워 자비의 뜻을 멀리 퍼뜨리면 사람들이 모두 잘살게 될 거라고 믿는 나옹의 모습은 순진하기까지 합니다.

오늘날 종교인들 가운데 세상이 소란스럽고 어지러운 것은 사람들이 자신들이 믿는 신을 믿지 않아서 그렇다고 주장합니다. 지구 끝까지 온 세상이 복음화하면 그런 부조리가 없어질 것이라고 믿는 모양입니다. 이런 논리라면 적어도 그 종교를 믿는 한 가정이나 한 고장 또는 한 나라에 평화와 정의가 전제되어야 하겠지요. 하지만 결코 그렇지 않습니다.

사실 세상의 모든 부조리를 종교가 해결할 수 있다고 믿는 것도 어리석은 일이지만, 세상에 부조리가 판치는데 그것이 종교가 제대로 역할을 하지 못해서 생기는 문제라고 생각하는 것도 순진한 발상입니다.

이렇듯 종교로 문제를 해결할 수 있다고 믿는 것은 무지의 소치입니다. 무식할수록 절대적인 확신과 독단은 커집니다. 어떤 종교인들은 그들의 신조나 믿음의 방식이 마치 하늘에서 뚝 떨어진 양 믿고 있습니다. 그러나 필자가 볼 때 종교도 하나의 문화적 토양을 갖고 있고, 좀더 보편적인 것으로 발전하는 것이며, 완성된 신학이나 이론은 없다는 것입니다. 그들이 입버릇처럼 말하는 불완전한 인간이 만든 신학이나 신관(神觀)은 절대적일 수 없기 때문입니다.

그럼에도 불구하고 자신들이 믿는 것이 유일하며 절대적 진리라고 확신합니다. 이런 확신에 차서 쌍쌍이 가가호호 방문하여 전도에 열성을 올리는 것을 보면, 그들의 진지한 태도와 인류 사랑에 존경을 금할 수 없습니다. 그들은 자신들이 믿는 종교를 믿지 않는 사람들을 불쌍하게 여기면서 구해주려고 애쓰기 때문입니다.

예수 천당! 불신 지옥!

이런 정성이 지나치면 많은 사람들을 짜증나게 합니다. 아마도 서울 시민이라면 적어도 한 번 이상 지하철에서 '예수 천당!
불신 지옥!'을 외치며 소란을 피우는 사람을 보았을 것입니다.

단언하건대 천당을 가겠다는 '나'에 대한 집착을 버리지 않는
다면, 결코 천당에 가지 못할 것입니다. 솔직히 그런 집착을 가
진 사람들이 모인 천당에 거저 보내준다고 해도 갈 마음이 전혀
없습니다.

이 책의 첫 번째 이야기에서도 이미 말했지만, 천국에 가는
나는 누구고 지옥에 가는 나는 도대체 누구란 말입니까? 나의
실체에 대한 것이 분명치 않은데 누가 가고 온단 말입니까? 지
금의 나는 잠시 존재하는 나이고 시간이 지남에 따라 나도 변하
는데, 그럼 어떤 내가 천국이나 지옥에 간다는 말인가요?

사람들이 보통 '나'라고 하는 어떤 자아나 영혼에 집착하기
때문에 천국을 바라게 되는 것입니다. 설령 고정적인 나에 대한
실체가 있다 하더라도 그것을 고집해서 천국에 가는 것이 아닙
니다. 자신에 대한 아집과 욕망이 가득한 사람이 천국에 간다는
것은 난센스요 부조리입니다. 그런 신이 설사 있다 해도 보편적
진리를 추구하는 사람과는 무관합니다. 그 신을 믿기 때문에 나
만, 내 가족만, 내 나라만, 내 인종만 구원을 받게 해준다면, 그
신은 우리와 무관합니다. 영원한 지옥에서 보내더라도 그런 엉
터리 신은 믿지 않을 것입니다.

천국은 스스로 주어지는 것입니다. 내가 내 자신에 집착하지
않고 남을 위해 노력하거나 희생할 때 거저 주어지는 것입니다.
왜냐하면 그때의 나의 자아나 영혼은 내 몸 속에 갇혀 있는 소아
(小我)가 아니라 이미 대아(大我)로 옮겨졌기 때문입니다. 그에

게는 이미 자신이 발을 딛고 사는 곳이 천국입니다. 그의 영혼은 벌써 타자와 함께 하나가 되었기 때문에 자기 몸이 죽더라도 그들이 존재하는 한 영원히 삽니다.

라이언 일병 구하기

몇 년 전에 개봉한 영화 가운데 「라이언 일병 구하기」라는 작품이 있었습니다. 기독교인들 가운데는 아직도 '라이언 일병'을 구하기 위해 노력하는 사람들이 많습니다. 신앙 생활을 했다가 지금은 표면적으로 그 신앙을 버린 사람들을 구원하려는 기독교인들의 노력을 두고 한 말입니다.

그런 노력을 하는 사람들 가운데는 대상자의 가족도 있고 친구들도 있고 직장 동료도 있습니다. 필자는 이 세 가지에 모두 해당됩니다. 물론 그 사람들이 그렇게 하는 데는 따뜻한 사랑의 발로라고 생각합니다만, 한편으로 보면 '예수 천당, 불신 지옥'이라는 입장에서 나온 것이라는 생각이 들면 씁쓸한 마음 금할 길 없습니다.

신에 대한 생각이나 신조가 처음 믿을 때의 그것에 고정되어 있다면 정말 큰일이라고 봅니다. 특히 남이 만들어준 교리나 원칙을 따른다는 것은 참을 수 없는 모욕이고요. 단지 자신들과 신관이나 신앙하는 방식이 다르다고 '이단이다, 불신이다' 하는 소리를 들으니 차라리 그런 신을 안 믿는 것이 속편하지요.

적어도 신이 있다면 과학과 사회적 현상을 포용해야 하고 그 신의 입장에서 설명이 되어야 합니다. 설령 신이 있다 해도 그것을 설명하거나 포용하지 못한다면 전지전능한 신은 아닙니다.

그러니 '알기 위해서 믿는다'는 어떤 사람의 말은 억지 변명에 불과합니다.

필자가 감히 이렇게 자신 있게 말하는 근거는 종교를 바라보는 역사적 안목이 있기 때문입니다. 인류 문화의 한 측면은 특수한 것에서 점차 보편적인 것으로 발전해왔습니다. 고대인들이 생각한 신과 중세인들이 생각한 신과 현대인들이 생각한 신은 엄연히 다를 수밖에 없는 것이고, 또 지역과 문화에 따라서도 다를 수밖에 없습니다. 내 종교 외에는 모두 엉터리, 곧 이단이라고 하는 것은 원시 시대나 고대에 가능한 일이지요.

가령 남자 어린이가 어릴 때는 자기 아빠가 최고이고 세상에는 제일 멋있는 사람이라고 생각할 것입니다. 그러다가 초등학교에 들어가면 다른 사람의 아빠와 비교하게 되면서 자기 아빠가 반드시 최고라고 생각하는 것이 바뀌게 되겠지요. 여기서 생각이 더 자라게 되면 누구에게나 아빠가 다 소중하다고 생각함을 알게 될 것이고, 자신의 아버지에 대한 경험을 바탕으로 아버지의 본질과 역할과 자식의 도리에 대하여 탐색할 것이며, 그럼으로써 자신이 점차 보편적 아버지상을 정립하여 그에 걸맞게 행동할 것입니다.

이렇듯 어떤 대상에 대한 생각은 지적인 성장에 따라 바뀌기 마련입니다. 혹자는 이렇게 말하겠지요. "신학을 만든 사람이 너보다 더 똑똑해. 네가 뭘 안다고 까부느냐? 개똥 철학 하지 마라." 맞습니다. 그런 신학을 만든 사람의 지적 수준을 능가하지 못하면 누구도 그 종교를 벗어나기 힘듭니다. 그렇지 못하고서 벗어날 수도 있겠지만, 그건 당사자도 스스로 타락이라고 인정할 것입니다. 그런 사람이 당당히 벗어날 길은 단 한 가지, 자신이 그 반대 이론은 못 만들어도 좋으니 남이 만들어놓은 것을 조금이라도 읽어보기만 해도 됩니다.

기복 신앙

오늘날 한국에는 종교가 번성합니다. 기독교인들은 기독교가 한국에 와서 복음화에 성공했다고 자화자찬할지 모르겠지만, 딱히 기독교만 그런 것이 아니고 천주교도 그렇고, 불교도 예전보다 많은 수의 신도를 자랑하고 있습니다. 그래서 인구 조사를 담당하던 어떤 기관의 사람이 이르기를, 한국은 종교인을 합치면 실제 인구보다 많다고 합니다.

사람들이 종교에 귀의하는 동기에는 여러 가지가 있지만, 앞서 말했기 때문에 재론하지 않기로 하지요. 다만 여기서는 '복을 받고 화를 피하기 위함'이라는 동기만 가지고 말해보겠습니다.

복을 빌기 위해서 또는 화를 면하기 위해서 종교를 믿는 것은 새삼스러운 것이 아닙니다. 세계 어디서나 민간 신앙에는 이런 형태의 종교들이 있습니다. 특히 우리나라의 전통 풍습 속에도 면면이 내려오고 있습니다. 어떤 학자들의 연구에 의하면 특히 우리 한국 민족이 이런 면에서 강하다고 합니다. 정말 우리 민족만 그런지 아직 확인은 못했습니다만, 이미 불교에서 민간 신앙적 요소를 받아들였고, 기독교도 사람들의 그런 욕구에 부응하고 있는 것을 보면, 우리나라 사람들이 신에게 원하는 것을 비는 신앙이 특별히 강한 모양입니다.

처음에 불교가 그런 민간 신앙적 기복적 요소를 받아들인 것은 민중들을 불교에 쉽게 접근시키기 위한 방편으로 허용할 수밖에 없었다는 점을 충분히 이해합니다. 물론 다른 종교도 마찬가지입니다. 문제는 주객이 전도되는 현상입니다. 열심히 믿으면 복을 받는다, 헌금을 많이 내면 이 땅에서 크게 물질적 축복을 받는다고 떠들면서 신도들의 욕망에 부채질하는 것이 바로 그것입니다. 모든 신도들이 제각기 자신의 소원 성취를 위하여 신에게 빌면 정말 신도 머리가 무지 아플 것입니다. 신도들 상호 간에 모순되는 기도 내용을 어떻게 조정해야 할지 고민해야 할 것입니다. 또 사람들은 자신이 원하는 것이 이루어진다고 해도 그것이 정작 복이 될지 화가 될지 모를 일입니다.

종교 입장에서는 그것이 본질이 아닌 줄 알면서 교단의 유지와 교세 확장을 위해 말리지 않거니와 오히려 은근히 부추기는 곳도 있습니다. 필자가 이런 모습을 비판하는 이유는 그것이 해당 종교의 본질도 아니거니와 국민의 지적 수준 하락과 경제적 모순에 일조하고 있다는 것입니다. 가령 헌금을 많이 내는 것을 좋아만 할 것은 아닙니다. 어떤 사람이 부동산 투기를 하여 많은 돈을 벌어 그 중 일부를 헌금으로 냈다면, 신의 축복으로 생각해야 할까요? 그로 인해 고통받는 사람들은 무시한 채 말입니다. 또 어떤 기업가가 자신이 고용한 외국인 노동자에는 그토록 가혹하게 하는데도, 단지 헌금을 많이 낸다는 이유로 축복이라고 단정할 수 있을까요? 잘 나가는 대기업에서 받은 고액의 정당한 월급에서 헌금을 냈다면, 정말 그는 축복을 받은 사람일까요? 그 대기업이 하청 기업에게 지나치게 납품 단가를 낮추거나 수많은 비정규직 사원을 고용했는데도 말입니다.

이제 단순히 내 개인의 축복은 축복이 아니라는 점입니다. 현대 사회는 경제 관계가 서로 얽혀 있어서 한쪽이 이득이면 한쪽이 희생을 치르는 경우가 얼마든지 발생할 수 있기 때문입니다.

문제의 본질과 해결 방법을 합리적으로 분석하고 판단하는 능력을 무시하고, 제대로 알지도 못하면서 어쩌면 자신의 이기심의 발로인 것을 축복이라고 떠들어댄다면 소가 웃을 일입니다. 신의 뜻이란 자신들의 욕심을 합리화시켜주는 그런 면죄부가 아닙니다. 신의 뜻을 누가 안다고 합니까? 사회 현상에 대한 고도의 인식을 가지고서도 알기 어렵습니다. 단지 고뇌에 찬 정직한 결단만 있을 뿐입니다.

게다가 신도들의 지적 하락은 투표권 행사나 집회나 시위에서 자신의 판단을 종교 지도자의 결정에 맡겨버린 채 국민의 권리 행사를 제대로 못한다는 점도 지적할 수 있습니다. 선거철만 되면 정치가들이 평소에는 존경하지도 않는 종교 지도자들을 그토록 방문하여 만나고자 안절부절못하는 모습을 보면 알 수 있습니다.

일부 종교 지도자들은 이렇듯 신도들이 유아적인 지적 수준에 머물러 있기를 바랄지도 모릅니다. 자신의 말을 신의 음성으로 맞아주기를 바라면서 말입니다. 바로 우리의 주인공인 나옹이 염불만 열심히 외고 부처만 세우면 사람들이 믿고 그 가르침을 받들 것이라고 생각하는 것처럼 말입니다.

종교의 사회적 역할과 책임

기독교의 창세기 설화에 보면 '소돔과 고모라' 이야기가 나옵니다. 물론 영화의 소재가 되기도 했습니다만, 소돔과 고모라 성에 의인 열 사람이 없어서 멸망하는 것으로 기록되어 있습니다. 이것을 두고 전통적으로 하느님에 대한 불신을 심판한 것으로 해석해왔습니다.

이것을 학문적으로 해석해볼 때 어떤 사회가 유지되기 위해서는 도덕적으로 건전한 집단이 일정 수준 있어야 한다는 것으로 볼 수 있습니다. 혹자들은 말합니다. 미국 사회는 도덕적으로 엉망이어서 과거의 로마처럼 멸망할 것이라고 말입니다. 물론 모든 나라에 흥망성쇠가 있듯이 미국도 언제가 망할 날이 있겠지만, 지금 당장은 아닌 것 같습니다. 아직은 미국에 건전한 시민 집단이 건재하기 때문입니다.

그런데 '너희는 빛과 소금이 되라'는 말도 신약성서에 보입니다만, 앞의 '소돔과 고모라' 이야기와 연관이 있습니다. 사회에 대한 종교인들의 책임과 역할에 대한 말이라고 생각됩니다.

그러나 이 말은 참으로 공허합니다. 어떻게 하는 것이 빛의 역할이고 어떻게 하는 것이 소금의 역할인지 명시하지 않았기 때문입니다. 그것은 해당되는 사람들이 살아가는 시대의 문제와 맞닿아 있습니다. 시대의 문제를 본질적으로 이해하지 못하고서 빛과 소금이 될 수는 없습니다. 그저 법당에서 죽어라 염불이나 외고 지하실에서 '주여 주여!' 외친다고 시대의 문제를 이해하거나 해결할 수 있는 것은 아닙니다. 그 시대에 사는 사람들과 아픔을 함께 나누지 않고서는, 아니 깨어 있지 않고서는 알 수 없습니다. 잘못하면 필요 없는 데 소금을 뿌리게 됩니다.

예수는 그 시대의 빛과 소금의 역할을 하다가 오히려 처형을 당했습니다. 그럼 오늘날 대한민국 현대사에서 빛과 소금의 역할을 한 종교인이 누구냐를 찾아보기 이전에, 우리 현대사의 문제는 무엇이었을까요? 친일 잔재 청산, 빈곤 극복, 남북 평화 통일, 민주화, 자주 국방, 빈부 격차 해소, 경제 불균형 해소 등이 아닐까요?

자, 그렇다면 종교인들 가운데 이런 문제들의 해결을 위하여 누가, 어떤 일을 하였을까요? 여기서 누구라고 답하지는 않겠습니다. 우리의 현대사 교과서를 조금이라도 펼쳐보면 금방 알 수 있기 때문입니다.

여기서 말하고자 하는 것은 이런 역할을 한 종교인은 적어도 오만과 편견에 찬 종교인이 아니라는 점입니다. 이들은 종교를 믿기만 하면 문제가 해결된다거나, 절대적인 독단과 확신으로 문제를 해결하고자 하지는 않았습니다. 바로 종교인이 현실에 올바르게 참여할 수 있는 데는 역사와 사회에 대한 올바르고 정확한 인식 능력을 겸비해야 한다는 것입니다. 다시 말하면 알아야 한다는 것입니다.

그러나 이보다 더 중요한 것은 종교 자체가 역사를 어떻게 보고 우리의 현대사에 어떻게 참여했는가 하는 점입니다. 한 개인이 역사적 문제 해결에 참여하는 것은 자신이 믿는 종교의 영향일 수도 있고, 아니면 다른 신념에서 나올 수도 있습니다. 그리고 종교인이 아니라도 역사적 문제에 참여할 수 있습니다. 게다가 똑같은 종교를 믿는 사람 가운데서도 역사를 배반하는 자들도 있습니다.

이렇기 때문에 종교의 교단 차원에서 역사적 입장을 분명히

할 필요가 있습니다. 한국 불교 또는 한국 기독교, 아니면 한국 천주교의 이름으로 역사적 결단의 순간에 입장을 표명해야 합니다. 그것이 안 되면 대한불교 조계종이나 대한예수교 장로회, 대한기독교 장로회 등 교파별이라도 현실 문제 해결에 대한 표명이 있어야 합니다. 왜냐하면 역사적 흐름에 반하는 자들이 종교를 빙자할 수 없을 뿐만 아니라, 종교의 사회적 책임이 요구되기 때문입니다.

이 문제는 굳이 한국 교회만 그런 것이 아닙니다. 제2차 세계 대전을 일으킨 것에 대하여 독일 교회가 전 세계에 자신들의 잘못을 고백하듯이, 미국 교회도 베트남이나 이라크 등에서 미국이 저지른 잘못에 대하여 고백하고 사죄해야 한다는 것입니다. 그래야 그 종교가 살아 있게 되는 것입니다. 그렇지 않다면 미국 교회를 참 진리와 정의가 살아 숨쉰다고 믿는 사람은 없을 것입니다. 미국의 보수적 교인들과 미국의 은혜에 보답하려고 하는 가련한 식민 국가 추종자들만 빼고 말입니다.

만약 그렇지 못하고 일제 때나 독재 정권이 늘 주장하듯 종교가 종교 문제, 곧 기도나 염불에만 몰두해야 한다고 한다면 이는 도도히 흐르는 역사를 외면하는 것입니다. 바로 앞에서 읽은 나옹 스님처럼 세인의 비웃음만 사고 마는 꼴이 될 것입니다.

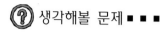 생각해볼 문제 ■ ■ ■

[1] 종교는 발전하는 것일까요 아니면 교조(교주)의 가르침을 그대로 따르면 되는 것일까요?

[2] 일반적으로 세속의 문제에 직접 관여하지 않는 종교가 어떻게 세상을 구원할 수 있을까요? 만약 오늘날 종교가 정당한 방법으로 세속의 문제에 간여한다면 어떤 방식이 가능할까요?

[3] 종교의 가르침은 언제나 이치에 타당해야 할까요? 이치에 맞지 않는 가르침을 따를 필요가 있을까요?

[4] 종교를 가지면 나의 자유가 억압당할까요 아니면 오히려 자유를 얻을까요?

□ 이종란(李鍾蘭) ————————

경남 사천에서 태어났으며, 서울교육대를 졸업한 뒤 성균관대 대학원을 수료(철학 박사)하였고, 방송대와 한국체육대 · 성균관대에서 강사를 지냈으며, 지금은 서울등현초등학교 교사로 있다. 지은 책으로는『이야기 한국철학』(공저),『강좌 한국철학』(공저),『최한기의 철학과 사상』(공저),『한국철학사상가 연구』(공저),『혜강 최한기』(공저),『전래 동화 속의 철학① · ② · ③』등이 있고, 역서로는『주희의 철학』(공역),『왕부지 대학을 논하다』(공역) 등이 있으며, 그 밖에 여러 논문과 글이 있다.

전래 동화 속의 철학 ④
개와 고양이

초판 1쇄 인쇄 / 2006년 1월 5일
초판 1쇄 발행 / 2006년 1월 10일
■
지은이 / 이 종 란
펴낸이 / 전 춘 호
펴낸곳 / 철학과현실사
서울특별시 서초구 양재동 338의 10호
전화 579—5908~9
■
등록일자 / 1987년 12월 15일(등록번호 : 제1—583호)
■
ISBN 89-7775-562-X 03100
*잘못된 책은 바꾸어 드립니다.
———————————
값 8,000원